Carola Körnbach

ALS MEINE WELT STILLSTAND

VERLAG AM SIPBACH

Carola Körnbach
ALS MEINE WELT STILLSTAND

Herausgegeben von: Verlag am Sipbach (Imprint von Verlag am Rande)

A-4621 Sipbachzell
T: 0043 664 7503 7100
www.verlag-am-sipbach.at

ISBN: 978-3-903259-36-2

2. Auflage März 2022

Druck: Totem, www.totem.com.pl/de
Coverfoto: Susann Laabs
Autorinnenfoto: privat

Carola Körnbach

Als meine Welt stillstand

VERLAG AM SIPBACH

Ich danke Herrn Dr. Jan Salzmann, meinem Psychotherapeuten, für die Inspiration, dieses Buch zu schreiben. Sie haben mir Mut gemacht, es schaffen zu können. Danke.

Für meine wunderbaren Söhne Mischa und Sascha:
Ich werde nie aufhören, euch zu lieben und zu vermissen. Ich danke euch für eine wunderschöne, liebevolle gemeinsame Zeit. Ihr habt mir viele unvergessene Erinnerungen hinterlassen. Diese trage ich – bis mein Tag kommen wird – tief in meinem Herzen.
Ihr habt mich sehr stolz gemacht, ich war und bin gerne eure Mutter.

Mein Lieblingsbild meiner Jungs (Foto: Michelle Engel)

Eure euch unendlich liebende Mama

Wir werden uns wiedersehen.

Inhalt

Mein Name ist Carola Körnbach. Ich bin am 6. August 1968 in Frankfurt am Main geboren. Ich dachte immer, dass ich bei so einem schönen Geburtsdatum ein glückliches Leben haben werde. Bis zu einem gewissen Lebensabschnitt war es auch wunderschön bunt in meinem Leben. Ich strahlte immer absolute Lebensfreude aus, meine freundliche und liebevolle Art nahm alle direkt in den Bann. Meine Devise war stets:

„Für jedes Problem gibt es eine Lösung!"

13 Jahre arbeitete ich als Fachkraft für Rehabilitation in einer Bildungsgesellschaft, dort half ich Menschen, zurück ins Leben zu finden. Meist sind es Langzeitarbeitslose, die die Richtung verloren haben. In jungen Jahren erlernte ich meinen ersten Beruf: Köchin; später wurde ich zur Bürokauffrau ausgebildet. Alle Berufe habe ich mit viel Hingabe erfüllt. Denn einer Arbeit nachzugehen war immer oberste Priorität, ich wollte meinen Teil an der Gesellschaft erfüllen und ein gutes Vorbild für meine Söhne sein.

Mit meinem ersten Mann bekam ich meine zwei wundervollen Jungs, Sascha, geboren 1991, und Mischa, geboren 1994. Mittlerweile bin ich zum dritten Mal verheiratet, mit Uwe.

Weihnachten 2016 glückliche Familie (Foto: privat)

In diesem Buch berichte ich über meine geliebten Kinder Sascha und Mischa, die mich viel zu früh verlassen haben. Um mir zu helfen, schicken sie mir Zeichen und Botschaften aus dem Jenseits. Diese Zeichen und Botschaften möchte ich gerne teilen, in der Hoffnung, anderen verwaisten Eltern damit helfen zu können.

Der Tod nimmt uns körperlich unsere Liebsten, aber sie sind immer mit uns verbunden und versuchen, uns aus der geistigen Welt Unterstützung zu geben. Je aufmerksamer und bewusster wir mit unserer Umwelt umgehen, umso mehr werden wir von unseren Liebsten erhalten. Sie lassen sich verschiedene Zeichen einfallen, damit wir nicht zu sehr in unserer Trauer verfallen und uns aufgeben, denn nach dem Verlust eines Kindes sieht man keinen Sinn mehr im Leben – so ist es mir zumindest ergangen.

Ich weiß, dass ich meine Söhne, wenn meine Zeit auf Erden vergangen ist, wiedersehen werde. Sie versprachen mir, mich hier von der Erde abzuholen, wenn meine Zeit gekommen ist. Darauf vertraue ich und ich warte auf diesen Tag. Bis dahin werden mir meine Kinder helfen, jeden Tag, so gut es geht, zu überleben, indem sie mir Zeichen schicken oder mir die Hand halten.

Der Beginn außergewöhnlicher Begebenheiten

Mit 13 Jahren wurde ich zur Erholung nach Amrum verschickt. Es war ein schöner Aufenthalt mit vielen neuen Menschen und Betreuern. An einem Abend saß ich mit meinem Betreuer am Klavier und wir spielten gemeinsam ein Lied. Auf einmal musste ich fürchterlich weinen. Der Betreuer fragte, warum ich weine. Im ersten Moment konnte ich es nicht beantworten, dann kam aus mir heraus: „Oma ist gerade gestorben." Er versuchte, mich zu beruhigen, denn ich hätte doch keine Nachricht von meinen Eltern bekommen. Nein, hatte ich nicht, aber ich wusste, sie ist von uns gegangen. Einige Tage später erhielt ich einen Brief von meiner Mutter. Sie und ihr neuer Mann (Daddy) waren aus Spanien zurück nach Hause gekommen, da das Wetter zu schlecht war. Keine Nachricht über Omas Tod war darin enthalten. Als ich nach drei Wochen Amrum von meinen Eltern am Bus abgeholt wurde, teilte mir meine Mutter mit, dass Oma verstorben und auch schon beerdigt worden sei. Sie wollte mir nicht den Aufenthalt auf Amrum verderben, deshalb habe sie mir nichts gesagt. Warum habe ich den Tod meiner Oma fühlen können? Hat sie so Abschied von mir genommen? Ich berichtete meiner Mutter davon, sie belächelte mich nur.

Ich war 14 Jahre, als meine Eltern (meine Mutter und Daddy) und ich in ein Haus einzogen. Ich bekam zwei Zimmer – ein Jugendzimmer und ein Schlafzimmer – und ich fand das großartig. Das Schlafzimmer schmückte ich mit selbstgemalten Wolken an den Wänden aus. Ich fühlte mich sehr wohl. Eines Nachts kam mir vor, als wäre ich wach und eine Gestalt in einem mönchsähnlichen Gewand war über mich gebeugt und hielt mir mein Kissen ins Gesicht. Ich wollte es abwehren, lag aber mit meinem Körper auf meinen Armen, sodass ich bewegungsunfähig war. Es war eiskalt in meinem Zimmer, mich fröstelte. Ich versuchte nach meinen Eltern zu schreien, aber auch das konnte ich nicht. Ich hatte schreckliche Angst. Plötzlich ließ die Gestalt von mir ab und flog aus dem Fenster.

Am nächsten Tag erzählte ich alles meinen Eltern, sie belächelten mich, gaben mir aber ein Kreuz, das ich ins Zimmer hängte. In der nächsten Zeit passierte nichts mehr, aber es wurde immer wieder einmal kalt in diesem Raum. Ich wollte nicht mehr in diesem Zimmer schlafen und bekam ein anderes. Mein altes Schlafzimmer wurde zum Gastzimmer umgewandelt. Meine Tante, die dort einmal schlief, berichtete am nächsten Morgen, dass es sehr unangenehm gewesen sei, in diesem Zimmer zu schlafen, da der Raum sehr kalt werde. Auch hierauf reagierten meine Eltern nicht. Im selben Jahr philosophierte ich mit meinem damaligen Freund über den Sinn des Lebens. Wie gesagt, ich war 14 Jahre alt und für mich stand fest: Der Sinn meines Lebens werden meine Kinder werden. Warum sollte ich sonst auf dieser Welt sein? Ich glaube, ich erschreckte ihn sehr durch meine Aussage, denn kurz darauf trennte er sich von mir.

Mit 18 Jahren zog ich aus diesem Haus aus, da ich mich dort nicht wohlgefühlt hatte. Nun begann mein eigenes Leben, ich war auf mich selbst gestellt. Ich bezog meine eigene Wohnung und begann meine Ausbildung zur Köchin. Dort lernte ich eine Auszubildende im Service kennen. Sie lud mich am ersten Weihnachtstag zu sich nach Hause ein. Sie hatte sich überlegt, mit mir gemeinsam an einem kleinen Tisch Geister zu beschwören. Der Tisch stand auf Papier, und an einem Bein war ein Bleistift befestigt. Sie berichtete mir, dass sie das schon öfter mit ihrer Mutter gemeinsam gemacht habe. Warum nicht?, dachte ich, das wird ohnehin nicht klappen, ich glaubte nicht an so etwas. Sie erklärte mir, dass ich die Finger leicht auf den Tisch legen solle, und begann mit einigen Sprüchen. Ich schaute sie nur irritiert an, innerlich lachte ich mich schlapp darüber. Glaubte sie wirklich, dass der Tisch von alleine schreiben würde? Plötzlich bewegte sich der Tisch tatsächlich, ich nahm erschrocken sofort die Finger weg und schrie: „Super, Rita, das machst du ja schön. Du bewegst den Tisch!“ „Nein“, sagte sie, „leg deine Finger wieder zurück und ich nehme meine weg, mal sehen was dann passiert.“ Gesagt, getan, der Tisch schrieb tatsächlich weiter ohne die Finger von Rita. Ich war fassungslos. Die Worte auf dem Papier waren in Altdeutsch geschrieben. Es wurden zwei Daten dazu notiert. Konnte das wirklich sein? War eine verstorbene Person bei uns?

Wir werteten das Geschriebene aus und stellten fest, dass die Person im Zusammenhang mit unserem Geschäftsführer stand. Am nächsten Arbeitstag ging ich zum Geschäftsführer und erzählte ihm davon. Er wurde kreideweiß im Gesicht und gab mir eine Ohrfeige. Ich wusste nicht, was ich getan hatte. Mit zitternder Stimme fragte ich ihn, warum er so reagiert hatte auf meine Worte, und er antwortete: „Das sind die Geburtsdaten meiner verstorbenen Mutter, niemand außer mir und meinem Vater weiß beide Geburtstage. Meine Mutter musste zu Kriegszeiten aus Sicherheitsgründen einen neuen Pass haben und das Geburtsdatum wurde dazu verändert.“ Wir sprachen nie wieder darüber und ich wollte auch nie wieder mit dem Tisch Kontakt zum Jenseits aufnehmen.

Das Licht im Tunnel

Im Karneval 1988 lernte ich meinen ersten Mann und Vater meiner Kinder kennen. Ich wurde 1989 überraschend schwanger mit meiner Katharina. Bei den Untersuchungen stellte sich heraus, dass die Titer-Werte der Röteln bei mir nicht in Ordnung waren. Es folgten weitere Untersuchungen und die Ärzte empfahlen mir, einen Abbruch vorzunehmen, da mein Kind nicht überlebensfähig sei. Mittlerweile war ich schon im vierten Monat schwanger. Ich wollte das Baby behalten und kämpfte, wie es eine 20-Jährige nur tun konnte. Vergeblich, der Termin zum Abbruch stand fest. Ich wurde vorbereitet, lag in meinem Krankenbett und verblutete fast. Der Arzt hatte mir mit einem Medikament den Muttermund eingeschmiert, damit dieser sich etwas öffnet. Als meine Zimmernachbarin meinen Zustand sah, benachrichtigte sie meine Mutter mit der Bitte, unverzüglich zu mir zu kommen. Als meine Mutter das viele Blut in meinem Bett sah, rief sie den Arzt, der sofort eine Notoperation in die Wege leitete. Ich wurde in den Operationssaal gebracht und sah noch, wie der Arzt sich seine Hände reinigte.

Plötzlich fühlte ich, dass ich sterben werde; meine Energie verließ mich und ich schrie nach dem Arzt. Dann war alles still, ich schaute in einen Tunnel hinein, auf der anderen Seite konnte ich wunderschönes Licht sehen, es zog mich magisch an. Ich machte mich auf den Weg durch den Tunnel, das Licht wurde immer heller und heller. Jedoch durfte ich nicht weitergehen. Ich wachte wieder auf, mein Brustkorb schmerzte sehr. Keiner sagte mir, was passiert war, ich wusste nur, dass das Baby nicht mehr da war.

Das Leben ging einfach weiter, keiner außer mir sprach mehr von Katharina, alle taten, als wäre nichts geschehen. Ich jedoch gedenke meiner Tochter weiterhin. Nie habe ich sie und das Gefühl, ein Kind zu tragen, vergessen. Meine damalige Schwiegermutter meinte nur trocken zu mir: „Ach Kind, ist doch nicht schlimm, dann macht ihr jetzt ein neues." Dieser Satz brannte sich in mein Herz. Katharina war nie zu ersetzen, sie war und ist mein Mädchen. Sie ist für immer in meinem Herzen geblieben und ganz intensiv denke ich jedes Jahr am 22. Februar an sie, denn das wäre ihr Geburtstag gewesen.

Der Sinn meines Lebens

Als ich im November 1991 um 19.07 Uhr meinen Sascha gebar, erfüllte sich mein Wunsch nach einem Kind. Er war ein wundervolles, liebes und ruhiges Baby. Er machte einfach nur Freude. Seine Geburt war nicht leicht für mich, ich brauchte 31 Stunden, um ihn zur Welt zu bringen, sodass ich danach sagte, ich möchte keine Kinder mehr. Sascha wurde nach der Geburt sofort in einen Brutkasten gelegt; sie sagten mir, er sei zu lange ohne Fruchtwasser gewesen und das erhöhe die Infektionsgefahr. Ich versuchte noch am Abend auf die Kinderstation zu gehen, hatte aber leider keine Kraft dazu.

Am nächsten Morgen ging ich gleich zu Sascha, und da lag er im Brutkasten. Er hatte eine Infusionsnadel im Kopf. Ich erschrak sehr und es tat mir im Herzen weh, den kleinen Mann so zu sehen. Die Schwester versuchte, mir Sascha an die Brust zu legen, aber er war zu schwach, um zu saugen. Mir wurde empfohlen, die Milch abzupumpen und sie ihm dann mit der Flasche zu geben. Dies tat ich auch. Nach drei Tagen durfte Sascha zu mir aufs Zimmer, das war ein wunderschönes Gefühl: Ich war nun Mutter.

1992 wurde ich erneut schwanger. Was für eine Freude – ein Geschwisterchen für Sascha. Für mich war irgendwann klar gewesen, er sollte nicht alleine groß werden. Die Qualen der Geburt waren schnell vergessen. Die Freude hielt leider nicht lange an, denn ich hatte eine Fehlgeburt, ich verlor Josef in der siebten Woche. Wieder einmal litt ich Höllenqualen. Warum musste das geschehen?

Im Mai 1994 durfte ich dann einen gesunden Jungen, meinen Mischa, zur Welt bringen. Die Geburt verlief ohne große Komplikationen, um 16.33 Uhr erblickte er das Licht der Welt. Er sah aus wie ein Buddha, er strotzte vor Kraft und Willen. Meine Mutter kam in den Kreißsaal, als Mischa gerade geboren worden war. Sie war die Zweite, die ihn im Arm hielt. Ihr war deutlich anzusehen, wie stolz sie war. Sie wollte ihn gar nicht mehr loslassen. Später bedankte sie sich bei mir, dass sie mit in den Kreißsaal durfte, das habe die Bindung zu meinem Mischa sehr gestärkt. Mischa war anders als Sascha, er hatte Kraft, um gestillt zu werden, das genoss ich sehr und stillte ihn eine lange Zeit.

Die Jungs entwickelten sich beide prächtig und waren mein absoluter Stolz. Sie harmonierten wunderbar miteinander. 1995 verließen wir ihren Vater, zogen in eine andere Stadt und begannen ein komplett neues Leben. Die Kinder fanden schnell Freunde, es war immer etwas los bei uns. Sie ließen sich auch ständig nette Streiche für mich einfallen. Wir lachten sehr viel und waren viel unterwegs. Ich versuchte ihnen, so gut es ging, die Wünsche zu erfüllen, musste aber auch manches Mal – auf Grund der finanziellen Lage – Wünsche abschlagen. Ich war nun alleinerziehend und ging halbtags arbeiten. Wir fuhren in den Ferien nach Spanien, Polen und in die Niederlande, verbrachten dort wunderschöne, fröhliche Urlaube.

Im Jahr 2000 zog ich mit den Kindern zurück in meine alte Heimat in die „Düvelstadt“ Würselen. Die Kinder fühlten sich auf Anhieb wohl. Wir mieteten eine schöne Wohnung in einem Dreifamilienhaus. Unter uns wohnte eine Familie mit Kindern im Alter meiner Jungs. Wir freundeten uns schnell an und waren täglich miteinander unterwegs. Elisabeth wurde mir eine wunderbare Freundin. In jenem Jahr wurde mir die Gelegenheit einer Umschulung eröffnet und ich drückte wieder die Schulbank. Es kam mir sehr gelegen, da ich dadurch mehr Zeit für meine Kinder hatte. Die Schule endete zur selben Zeit wie die meiner Kinder. Im Notfall stand Elisabeth meinen Kindern zur Seite. Der Nachmittag gehörte uns und wir gingen mit Elisabeth und ihren Kindern im Sommer nach der Schule oft Eis essen. Welches Kind mag das nicht? Wir waren nur an der frischen Luft. Der Spielplatz um die Ecke war das Domizil der Kinder geworden und Elli und ich ermöglichten ihnen, täglich dort zu sein.

Die Hilfe meines Vaters

Als mein Vater 2001 verstarb, war es ein Schock für uns. Wir hatten erst sechs Wochen vorher unsere Oma (väterlicherseits) begraben müssen, nun war mein Vater ihr nachgegangen. Er rief mich noch einen Tag vorher an, um mir über seine Tour in den Bergen zu berichten. Er wusste, dass ich Urlaub hatte, und rief morgens um 6 Uhr an. Ich ließ den Anrufbeantworter anspringen und schimpfte innerlich über diese frühe Störung. Am nächsten Tag erhielt ich von meiner Tante die Nachricht vom Tod meines Vaters. Sie berichtete, dass er bei seiner Bergtour am Biberkopf 80 Meter in die Tiefe gestürzt sei. Ich stand unter Schock, wir konnten uns nicht mehr von ihm verabschieden, da sein Körper zertrümmert war. Zur Beerdigung waren meine Kinder bei ihrem Vater zum Sommerurlaub. Ich wollte sie nicht damit belasten. Ich verhielt mich wie meine Mutter damals, zum Schutz der Kinder. Als ich die Jungs von ihrem Vater abholte, erzählte ich ihnen von ihrem Opa und sie waren stinksauer auf mich, dass sie nicht bei der Verabschiedung dabei sein durften.

Die Ausbildung zur Bürokauffrau war nicht immer leicht. Ich hatte schon als Kind Probleme mit der Rechtschreibung und auch mit Mathematik. Mein Vater war studiert und hochintelligent, so bat ich meinen Vater im Geiste um Hilfe vor schwierigen Klausuren. Es war unfassbar, ich schrieb ein Diktat, ohne auch nur einen Fehler zu machen, ich konnte es kaum glauben. Seine Anwesenheit konnte ich bei den Klausuren spüren, so half er mir durch die ganze Ausbildung und ich konnte diese mit guten Noten beenden. Heute noch frage ich ihn bei bestimmten Lebenslagen um Hilfe, wie zum Beispiel jetzt. Ich bat all meine Liebsten im Jenseits, mir beim Schreiben dieses Buches zu helfen, und dadurch fühle ich mich beflügelt, alles niederzuschreiben.

Die Liebe meines Lebens

2003 kaufte ich vom Erbe meines Vaters ein Haus, es war ein großes und altes Haus. Die Kinder und ich fühlten uns sehr wohl dort, jeder hatte nun sein Reich. Eines Morgens 2005 stand ich in unserer neuen Küche und mich überkam ein schweres, schmerzhaftes Gefühl. Mein Innerstes sagte mir: Carola, du wirst die Liebe deines Lebens verlieren. Es war ein unbändiges Gefühl, mir schmerzte mein Herz und ich weinte. Es war mir unmöglich, dieses Gefühl zu verdrängen, es war unfassbar stark und hielt mich fest. Ich hatte seit Kurzem einen Freund und dachte sofort daran, dass ihm etwas zustößt. Wird er es sein, der dich in die Knie zwingt? Wird meinen Eltern etwas zustoßen? Alle möglichen Gedanken schossen mir durch den Kopf. Jedoch nicht eine Sekunde dachte ich daran, dass meinen Kindern etwas zustoßen könnte. Sie waren noch jung und völlig gesund. Nach ein paar Tagen verging zum Glück dieses Gefühl wieder und ich machte mir keine weiteren Gedanken mehr darüber. Das Leben lief glücklich und zufrieden weiter.

Einige Wochen später träumte ich, dass mein Sohn Sascha, mittlerweile 14 Jahre alt, mir ein Messer ins Herz stach. Ich konnte diesen Traum nie wieder vergessen. Am nächsten Morgen war ich völlig irritiert und durcheinander von diesem Traum. Ich überlegte lange, ob mir diese Situation tatsächlich passieren sollte. Meine Jungs waren sehr aktiv und ich hatte sie zu eigenständigen Personen erzogen. Sie hatten beide ihren eigenen, starken Willen. Jedoch liebten sie mich bedingungslos und waren mir gegenüber liebevoll. Es hatte auch nie ein Anlass bestanden, dass sie mir etwas antun, da ich immer an der Seite meiner Kinder war. Also warum sollte mein Sohn mir ein Messer ins Herz stechen?

Ich dachte nicht mehr allzu lange daran, es war schließlich nur ein sehr unangenehmer Traum. Ich schob ihn beiseite. 2017 wusste ich, dass er für mich sehr wohl eine Bedeutung hatte. Ich bin damals schon darauf vorbereitet worden, denn der Schmerz war identisch mit dem Schmerz aus meinem Traum.

Meine Sternenkinder

Im Jahr 2007 heiratete ich das zweite Mal, kurz nach der Hochzeit hatte ich starke Unterleibsschmerzen, also ging ich zum Arzt. Er stellte fest, dass ich schwanger war, machte dabei aber ein nicht so fröhliches Gesicht, als er mir das sagte. Er meinte, dass es nicht gut um die Schwangerschaft bestellt sei, der Embryo entwickle sich nicht gut. Er gehe davon aus, dass ich das Baby verlieren würde. Mittlerweile war ich schon 39 Jahre und es sei eine Risikoschwangerschaft, ich solle mich ausruhen. Er schrieb mich krank, damit ich mich hinlegen konnte. „Bitte laufen Sie so wenig wie möglich“, gab er mir mit. Ich freute mich auf dieses Kind genauso wie auf alle anderen. Ich lag nur auf der Couch und schonte mich, so gut es ging, denn es sollte dem Kind in mir nichts zustoßen. Jedoch nach zwei Wochen Bettruhe erlitt ich eine Fehlgeburt und mein kleiner Mathias verließ meinen Körper. Meine Welt stand erneut still. Warum verließ mich wieder ein Kind?

Ja, meine Kinder haben alle einen Namen. Katharina hatte ich damals selber den Namen gegeben und als ich nach dem Verlust von Sascha mit meinem Medium Kontakt hatte, fragte ich sofort nach ihr. Das Medium sagte mir, dass Katharina da sei und meine anderen Jungs, Josef und Mathias, auch. Die Jungs hatten sich selber einen Namen gegeben im Jenseits. Zur Erinnerung an meine Sternenkinder habe ich mir 2019 ein Tattoo auf den Oberarm stechen lassen, drei Sterne mit ihren Anfangsbuchstaben und den Jahreszahlen, gerne streichle ich liebevoll darüber.

Vorbereitung auf den Weggang von Sascha

5. Juni 2017

Mein heutiger Mann Uwe und ich fuhren mit einigen Freunden über Pfingsten mit dem Wohnwagen nach Holland. Ich freute mich sehr. Klein Kanada hieß der Platz und war genau richtig für uns. Wir hatten ein kleines, eigenes Badezimmer angrenzend an unseren Wohnwagen. Wir verbrachten nette Tage mit unseren Freunden, es wurde viel gelacht und gealbert. Es kamen auch Menschen, die wir noch gar nicht kannten, wir waren ein gemischter Haufen lustiger Menschen.

Am letzten Tag (Pfingstmontag) ging ich wie jeden Morgen ins Badezimmer, um mich für den Tag fertig zu machen. Ich schaute auf mein Tattoo auf meinem linken Unterarm, das ich mir 2013 stechen ließ. Dort stehen die Namen meiner Kinder Sascha und Mischa sowie ihre Geburtstage. Ich war unendlich stolz auf dieses Tattoo, der Mann meiner Cousine hat es gestochen und auch designt. Meine Kinder fanden es ebenfalls klasse – ich hatte sie natürlich vor dem Stechen gefragt, ob sie damit einverstanden sind, dass ihre Mutter ihre Namen auf dem Körper trägt. Ich hatte damals das Gefühl, dass beide sehr stolz darauf waren. Nun streichelte ich es, wie jeden Morgen. Auf einmal kam mir in den Kopf: „Wo schreibst du denn das Sterbedatum hin?" Ich wurde sauer auf mich selber und schrie mich an: „Was denkst du da für einen Mist, die Jungs sollten lieber überlegen, wo sie deines hintätowieren lassen, nicht du ihres!" Sofort wollte ich diesen Gedanken wieder aus meinem Kopf haben, ich war richtig böse auf mich, weil ich solche Gedanken hatte. Jedoch verhielt ich mich insgesamt sehr merkwürdig an diesem Tag. Nach dem gemeinsamen Frühstück wurde ich immer unruhiger, ich sonderte mich von den anderen ab. Ich konnte niemanden um mich herum haben und setzte mich mit meinem Campingstuhl weit weg von allen unter einen Baum. Meine Freunde wie auch Uwe waren über mein Verhalten irritiert, mir war das völlig egal. Mir ging es nicht gut! Jedoch wusste ich nicht, warum. Sie berichteten mir später von meinem merkwürdigen Verhalten. Über meine Gedanken im Badezimmer berichtete ich ihnen später dann auch.

Uwe sagte mir, dass er nun das Vorzelt abbauen werde und wir uns in näherer Zeit auf den Heimweg machen würden. Mir ging das jedoch alles nicht schnell genug. Ich trieb ihn an und baute das Vorzelt vom Wohnwagen zum größten Teil selber ab, damit es schneller ging. Es ist ein Glück, dass nichts kaputtging. Ich wollte weg, sofort nach Hause. Aber warum? Was war mit mir los? Hatten die vielen fremden Menschen mir doch zu sehr zugesetzt? Innerhalb kürzester Zeit waren wir abfahrbereit. Uwe schaute mich im Auto fragend an. Was denn mit mir los sei, wollte er wissen. Ich entschuldigte mich für meine unmögliche Art, ich dachte, dass mir die vielen Menschen zu viel waren. Ich teilte ihm mit, dass ich nicht noch einmal freie Tage so verbringen wolle. Ich schien das viele Neue nicht mehr zu verkraften, etwas anderes konnte ich mir zu diesem Zeitpunkt auch nicht denken.

Auf der Autobahn wurde mir auf einmal schlecht, ich dachte, ich müsse mich übergeben. Es war 14.15 Uhr (Sascha verstarb um 14.15 Uhr am Unfallort) und ich dachte, es geht nichts mehr bei mir, ich war völlig fertig. Uwe fand leider keine Haltemöglichkeit und zum Glück ging es nach einigen Minuten wieder besser. Nach zwei Stunden Fahrt kamen wir zu Hause an. Wir räumten unseren Wohnwagen aus und gönnten uns dann ein leckeres Getränk – ich machte Uwe ein Bier auf und mir eine Weinschorle. Ich hatte gerade die Schorle vor mich gestellt, da läutete mein Handy.

Die Nachricht

5. Juni 2017

Ich dachte nur: Ach guck an, jetzt funktioniert es wieder. Seit vier Tagen hatte ich keine mobile Datenübertragung mehr gehabt, mein Handy machte nichts in jenen Tagen. Auf der Heimfahrt konnte ich mich nicht mit den sozialen Medien ablenken, denn nichts funktionierte. Darüber war ich die ganze Zeit sehr stinkig, jedoch hatte Uwe dasselbe Problem. Alle anderen konnten es nicht verstehen, da sie ganz normal wie immer auf alles zugreifen konnten. Nur wir nicht!

Nun aber klingelte das Handy. Ich schaute auf das Display und sah eine Handynummer, die ich nicht kannte. Ich wollte das Gespräch nicht annehmen, irgendetwas in mir wehrte sich, es klingelte weiter. Uwe fragte, warum ich nicht abhob, das sei doch nicht meine Art. Daraufhin entschied ich, das Telefonat anzunehmen.

„Hallo Carola, hier ist Dana."
„Welche Dana?"
„Dana, Dajana, Carola ..."
„Ach du bist es", kam zögerlich aus mir heraus. Ich wollte dieses Gespräch nicht. Sie war die Ex-Freundin von Sascha. Was wollte sie mir erzählen, wieder etwas Negatives von meinem Sohn? Ich wollte nichts hören, blieb aber still.
„Carola, Sascha hatte einen Unfall mit dem Motorrad."
Jetzt wusste ich, warum ich nicht abheben und auch nicht verstehen wollte, wer am Telefon ist. Ich schwieg immer noch. Was sollte ich sagen?
„Carola! Sascha hatte in Kommern einen Motorradunfall, das sagte mir ein Freund von Sascha."

Ich reagierte kindisch und sagte zu Dana: „Sascha hat bestimmt ein Riesen-AUA und liegt im Krankenhaus, danke, Liebes, ich rufe ihn jetzt an und melde mich danach nochmal bei dir.“

Ich beendete das Telefonat und versuchte Sascha anzurufen, aber er ging nicht ans Handy. Ich überlegte mit Uwe, was ich nun machen sollte. Wir entschieden, Mischa anzurufen. Es war Pfingstmontag, er wird noch nicht in der Kaserne sein und er wohnt nur einige Meter von Sascha entfernt, vielleicht weiß er etwas. Mischa ging sofort ans Telefon, ich bat ihn, nach Sascha zu schauen. Er teilte mir jedoch mit, dass er schon seit gestern zurück in der Kaserne in Frankreich sei, da er zur Wache eingeteilt wurde. Seine Stimme klang belegt und sehr ruhig. „Gut, dann rufe ich euren Vater an“, sagte ich zu Mischa.

Der Vater der beiden wohnte im Nachbarhaus von Sascha. Ich erreichte ihn, berichtete ihm vom Anruf der Ex-Freundin von Sascha und fragte, ob er nach Sascha schauen könne. Er teilte mir jedoch mit, dass er mit dem Wohnmobil in Belgien sei; er werde versuchen, seinen Bruder zu erreichen, der im Haus von Sascha wohnte. Die Zeit verging sehr langsam und in mir wuchs ein Gefühl der Machtlosigkeit. Nach einiger Zeit rief er mich zurück und teilte mir mit, dass er seinen Bruder nicht erreichen könne. Was nun? Was sollte ich tun? Ich konnte keinen klaren Gedanken fassen. Uwe und ich beschlossen, selbst nach Kommern zu fahren, um nach dem Rechten zu schauen.

Da rief erneut Dana an. „Carola, ein Freund von Sascha hat mir gerade gesagt ... Sascha muss sich wohl das Genick gebrochen haben bei dem Unfall ...“
Ich schmiss mein Handy weg und schrie: „NEIN, NEIN!!! Das darf nicht sein!“

Uwe beendete das Telefonat mit Dana.
„Es reicht“, schrie ich, das ist Hörensagen! Das glaube ich einfach nicht!!! Ich rufe jetzt die Polizei in Aachen an und frage nach einem Unfall in Kommern, die werden mir schon vernünftig Auskunft geben können. Ansonsten fahren wir in die Eifel.“

Gesagt, getan! Ich rief in Aachen auf dem Polizeipräsidium an, der Beamte sah das ähnlich wie ich, das ist Hörensagen. „Beruhigen Sie sich, ich werde in der Eifel anrufen und nachfragen, ob dort ein Unfall passiert ist, ich melde mich wieder. Bitte bleiben Sie zu Hause, fahren Sie nicht in die Eifel.“ Okay, jetzt wird alles gut, dachte ich. Nach zwei Minuten rief der Beamte zurück und bat mich um meine Kontaktdaten sowie die Daten meines Sohnes. Ich gab sie ihm durch. Er werde sich wieder melden bei mir. Hier ahnte ich schon nichts Gutes. Später habe ich nachgeschaut, wie lange es bis zum Rückruf gedauert hat, es kam mir vor wie Stunden. Jedoch waren es in Wirklichkeit lediglich 20 Minuten. Uwe saß komplett zusammengesunken auf der Couch, die Augen voller Tränen. Ich versuchte ihm noch Mut zu machen, aber mein Herz schlug mir schon selber aus dem Körper.

Ich konnte mich nicht mehr setzen und warten, ich lief ungebremst durch die Wohnung. Ich ging in den Flur, dort habe ich eine Fotogalerie meiner Kinder und von allen anderen Familienmitgliedern. Ich schaute auf die Bilder, auf die wunderschönen Bilder meines Sascha in verschiedenen Altersklassen und bei verschiedenen Anlässen. Fröhliche Bilder sah ich, leuchtende Augen meiner Kinder, glückliche Zeiten. Auf einmal stellte ich fest, dass ich Sascha nicht mehr spüre, mir wurde bewusst: Er ist tot. Ich ging zurück ins Wohnzimmer zu Uwe, es war mir wichtig, ihn darauf vorzubereiten, dass Sascha von uns gegangen ist. Uwe hatte seinen Sohn Tim 2010 bei einem Autounfall verloren. Als wir uns einige Monate später kennenlernten, versprach ich ihm, dass meinen Kindern das nicht geschehen würde. Wie dumm von mir.

Der Polizist meldete sich einfach nicht zurück, das konnte nichts Gutes bedeuten. Ich sagte zu Uwe: „Der Beamte wird nicht mehr anrufen, gleich kommt der Streifenwagen, mach dich darauf gefasst. Sascha ist bei dem Motorradunfall gestorben, er darf das am Telefon nicht sagen." Uwe schaute mich nur mit verstörten Augen an und sagte nichts. Er war zurückgeworfen in seine Vergangenheit, das konnte ich sehen.

Endlich klingelte das Telefon, der Beamte war dran. „Es tut mir leid, ich darf Ihnen am Telefon nichts dazu sagen, es kommt gleich ...", hörte ich ihn sagen. Ich schmiss das Telefon weg, trat gegen die Einrichtungsgegenstände und schrie ohne Unterlass. Uwe beendete das Telefonat für mich.

Danach nahm ich mein Handy und rief meinen Mischa an, der in Frankreich war. Rückblickend gesehen hätte ich das so nicht machen dürfen, ich entschuldigte mich auch etwas später dafür bei Mischa, der gar nicht verstehen konnte, warum ich mich entschuldigte. Ich teilte meinem Sohn Mischa also am Telefon mit, dass sein geliebter Bruder Sascha gestorben sei. Mischa setzte sich daraufhin ans Steuer seines Wagens und fuhr zurück in die Heimat, viereinhalb Stunden, alleine.

Später sagte er mir, dass er vom Unfall schon vor mir gewusst habe, in den sozialen Medien verabschiedeten sich schon seit Stunden die Freunde von Sascha. Deshalb hatten wir seit Stunden keinen Zugriff auf die sozialen Medien gehabt, wir sollten es nicht so erfahren.

Danach rief ich den Vater meiner Kinder an. Die Worte, die ich ihm sagte, werde ich wohl nie wieder vergessen: „Unser Sohn ist tot." Mehr brachte ich nicht heraus, Uwe übernahm auch dieses Telefonat für mich. Danach rief Uwe auch meine Eltern an, die ebenfalls im Kurzurlaub waren, in Berlin. Ich hätte es nicht geschafft, mit ihnen zu sprechen, meine Welt stand still.

Ab diesem Zeitpunkt konnte ich mit niemandem mehr telefonieren – für eine lange Zeit. Uwe war mir eine große Unterstützung, er regelte alles für mich und versuchte auch, einiges von mir fernzuhalten. Er hatte selber keine Kraft mehr, kämpfte mit seiner Vergangenheit und nun auch noch mit unserer Gegenwart, aber trotzdem stand er neben und hinter mir.

Danach weiß ich nicht mehr so genau, was passierte. Ich weiß noch, dass ich auf dem Küchenboden saß und zwei Polizisten in der Küche standen. Der eine hob mich vom Boden auf, der andere reichte mir einen Stuhl, auf dem ich Platz nehmen sollte. Ich versuchte, freundlich und höflich zu sein, nahm mich stark zusammen. Die Beamten waren ebenfalls sehr höflich und freundlich im Umgang mit mir. Sie boten mir einen Seelsorger der Polizei an, dies lehnte ich jedoch ab. Sie gaben mir auf mein Drängen hin die Telefonnummer des Bestatters, bei dem mein Sohn nun lag. Später erfuhr ich, dass ich wohl kurz vorher meine Cousine Annette angerufen und ihr unter Tränen mitgeteilt habe, dass Sascha einen Motorradunfall hatte und verstorben ist. Sie konnte mich kaum verstehen, erzählte sie mir später.

Meine einzige Sorge war jedoch: Mein Sohn liegt irgendwo im Kalten, Dunkeln und ist alleine. Ich wollte sofort zu ihm. Die Beamten teilten mir mit, dass mein Sohn beschlagnahmt ist. „Was heißt das?" „Sie können nicht zu ihm, er muss erst freigegeben werden, vielleicht muss er obduziert werden." Was? NEIN, auf gar keinen Fall wird dieser wunderschöne Körper aufgeschnitten, warum auch?

Wir packten das Nötigste ein und fuhren in die Eifel, dort warteten wir auf Mischa und seinen Vater. Wir wurden vom Bruder des Vaters in Empfang genommen, er brachte uns in den Garten. Fast die ganze Familie des Vaters kam nach und nach in den Garten und kondolierte mir und Uwe. Nachbarn und Freunde von Sascha kamen und versuchten, mich zu halten. Ich konnte keine Berührungen ertragen, ich sonderte mich ab. Wir holten Saschas Hunde aus der Wohnung und brachten sie in den Garten. Sie liefen mir über die Füße und sprangen an mir herauf. Ich fühlte nichts mehr, nach Tagen sah ich, dass sie mir einen Fuß aufgerissen hatten und dass dieser sich stark entzündet hatte.

Irgendwann traf Mischa ebenfalls auf dem Platz ein, auch er konnte keine Nähe ertragen. Ich versuchte ihn in den Arm zu nehmen, aber er wehrte ab. Er stand genauso unter Schock wie wir. Sein Vater erreichte gegen Mitternacht den Garten, wir hielten uns in den Armen, wir konnten den Verlust nicht verstehen.

Ich blieb bei Mischa in der Wohnung, Uwe fuhr nach Hause, er musste am nächsten Tag wieder arbeiten gehen. Mischa konnte mich nicht in den Arm nehmen oder mit mir sprechen. Er war laut und ungehalten. Das wurde er immer, wenn es ihm nicht gut ging. Sein Verhalten konnte ich nur zu gut verstehen. Er fuhr mit seinem damaligen Freund zur Unfallstelle, er wollte sehen, was dort passiert ist. Ich konnte ihn nicht begleiten oder davon abhalten. In dieser Nacht schliefen wir beide nicht, wir lagen gemeinsam auf seiner Couch und versuchten uns zu betrinken, was jedoch nicht funktionierte, der Alkohol wirkte einfach nicht. Ich legte mich hinter meinen sitzenden Mischa und streichelte ihm den Rücken, bis ich einschlief. Wir waren wie in Watte gepackt, wir verstanden die Welt nicht mehr. Von einer Sekunde auf die andere war unser Leben weg. Unsere Welt stand still.

Wie sollte ich es schaffen, bei meiner Arbeitsstelle anzurufen und meine Situation zu erklären? Ich wollte nicht telefonieren. Zu allem Übel musste ich auch einige Unternehmen anrufen, mit denen Sascha Verträge abgeschlossen hatte. Wie sollte ich das schaffen? Ich schaffte es! Meine Gesprächspartner versuchten, es mir so leicht wie möglich zu machen.

Vorbereitung auf den endgültigen Abschied

Am nächsten Tag fuhr ich mit Saschas Vater zur Polizeiwache, um zu klären, wann wir unseren Sohn sehen können. Der Beamte teilte uns mit, dass die Untersuchungen des Unfalls noch nicht abgeschlossen seien und wir Geduld haben müssten. Er werde dem Beerdigungsinstitut Bescheid geben. Er erzählte, dass er Sascha wenige Minuten vor seinem Unfall noch gesehen und ihm gesagt habe, er solle vernünftig fahren und mit dem Blödsinn aufhören. Jedoch habe Sascha ihn nur belächelt.

Wir bekamen die Sachen unseres Sohnes ausgehändigt. Ich fragte nach seinem Handy, da es nicht dabei war. Der Beamte teilte mir mit, dass sie kein Handy bei meinem Sohn gefunden hätten. Lediglich seine Geldbörse sei in der Motorradtasche gewesen. War es beim Unfall vielleicht herausgefallen und lag noch irgendwo im Gras? Ich wollte später danach suchen. Nachdem alles geklärt war, gingen wir zurück zum Wagen, da wir im Anschluss noch zum Beerdigungsinstitut mussten. Ich hielt Saschas Motorradtasche vor meinen Bauch und auf einmal hörte ich Saschas Handysignal. Das Handy musste doch irgendwo sein. Ja, in der hinteren kleinen Tasche fand ich es, die Polizei hatte es übersehen. Ich war überglücklich, das Handy meines Sohnes wiederzuhaben.

Im Anschluss ging es zum Beerdigungsinstitut, ich war völlig apathisch, mein Herz war gebrochen. Mein Verlangen, meinen Sohn zu sehen, stand komplett im Vordergrund. Und jetzt sollte ich einen Sarg aussuchen! NEIN, das wollte ich nicht. Aber ich musste und suchte ihm einen für ihn passenden Sarg aus. Auf dem Deckel war ein Fluss aus kleinen Steinen gelegt. Das passte zu Sascha, er hatte eine Ausbildung zum Gärtner gemacht, zuletzt arbeitete er als Lagerist für eine Drogeriekette. Ich war so stolz auf ihn, in allem, was er machte. Nun sollte ich einen Sarg aussuchen, ich war wie gelähmt und funktionierte einfach nur noch.

Der Bestattungsunternehmer bat mich, Kleidung für meinen Sohn auszusuchen und durch den Vater ins Institut bringen zu lassen. Sobald Sascha freigegeben wäre, würden sie ihn für uns zurechtmachen. Es war unendlich schwer, die Wohnung meines Sohnes zu betreten und in seinen Sachen zu wühlen. Ich versuchte, stark zu sein, schon alleine für Mischa, der zu zerbrechen schien. Ich suchte Saschas Lieblingssachen zusammen, die er zum Abschied tragen sollte. Alles in seiner Wohnung roch nach meinem Sohn, ich sah ihn vor mir stehen und lachen, er hatte ein so wunderschönes Lächeln, einzigartig. Immer wieder hörte ich ihn sagen „Mama, chill mal" – das hatte er öfter zu mir gesagt. Mein Herz war gebrochen, nichts half mir. Und jetzt stand ich in seiner Wohnung ohne ihn, noch nie zuvor war ich alleine in seiner Wohnung gewesen. Immer wieder stellte ich mir die Frage: Warum? Ich fand seine Lieblingshose, seinen Lieblingspullover, auf der Wäscheleine hingen die Deutschlandsocken, die ich ihm mal geschenkt hatte, die sollte er auch anziehen sowie seine Airmax Sneaker. Dann lag dort seine Uhr – die sollte er auch mitnehmen. Sascha mochte die Wikinger; und ich sagte zu Uwe: „Er kann dann mit der Uhr den Fährmann bezahlen!" Saschas Vater brachte alle Sachen – wie besprochen – später ins Beerdigungsinstitut.

Die nächsten Tage waren wie in einem endlosen Nebel, ich konnte keinen klaren Gedanken fassen. Nähe konnte ich nicht ertragen. Jeden Abend kamen die Freunde von Sascha und Mischa zu Mischa in die Wohnung. Ich kochte uns etwas Leckeres, danach saßen wir auf der Terrasse und rauchten gemeinsam Shisha. Wenn Mischa nicht zu Hause war, räumte ich seine Wohnung auf und säuberte sie, so hatte ich etwas Ablenkung und fühlte mich nicht nutzlos. Innerhalb von drei Tagen war Saschas Wohnung leer, Mischa und sein Halbbruder hatten in Windeseile die Wohnung ausgeräumt. Der Vater meinte, das war gut für die Jungen, dadurch konnten sie sich ablenken. Dann wurde die Wohnung geputzt, ich war überfordert mit dieser Geschwindigkeit. Jedoch konnte ich die Absicht dahinter sehr gut nachvollziehen. Später jedoch realisierte ich, dass ich kaum Erinnerungsstücke von Sascha hatte, alles wurde entsorgt oder unter anderen aufgeteilt. Ich hatte keine Kraft, irgendetwas zu sagen oder einzugreifen. Ich sah ja auch, dass Mischa die Arbeit guttat. Also akzeptierte ich den weiteren Ablauf, ich hatte nur im Kopf, dass ich zu meinem Sascha wollte, nur das zählte für mich.

Meine Eltern kamen am nächsten Tag zurück aus Berlin, Daddy ist die komplette Strecke durchgefahren. Als sie bei mir und Mischa ankamen, wollten sie mich in den Arm nehmen, aber selbst meine Mutter durfte das nicht, ich ertrug einfach keine Nähe. Es tat mir leid für meine Mutter, wollte sie mir doch nur gut sein. Sie bat mich zu ihnen zu kommen, sie wohnten nur acht Kilometer von Mischa entfernt. Für mich kam das aber nicht in Frage, ich wollte bei meinem Sohn bleiben, vielleicht würde er mich bald brauchen, dachte ich. Einige Tage später fuhr ich dann doch zu meinen Eltern, da Mischas damalige Freundin mittlerweile bei ihm eingetroffen war. Mischa würde sich schon melden, wenn er meine Hilfe brauchte.

Abschied von Sascha

Endlich kam der Tag, an dem ich zu meinem Sascha durfte. Ich fragte Uwe sowie meine Eltern, ob sie auch an den offenen Sarg wollten. Alle wollten Abschied nehmen von meinem Sohn und mich bei diesem Gang stützen. Später sagte mir Daddy, wie schlimm das für ihn gewesen war und dass er nie wieder eine Leiche sehen möchte. Es war zu viel für ihn gewesen, aber er hätte meine Mutter niemals alleine gehen lassen. Saschas Freunde musste ich jedoch enttäuschen, ich wollte nicht, dass sie meinen Sohn so sehen. Sie sollten ihn so in Erinnerung behalten, wie sie ihn kannten.

Sascha war liebevoll aufgebahrt, er lag dort, als würde er schlafen und gleich die Augen aufmachen, um uns zu erschrecken. Er hatte immer noch sein unvergleichbares Grinsen im Gesicht. Ich wollte ihn streicheln, aber sein Halbbruder sagte: „Lass es, Carola, er ist eiskalt und das wäre nicht gut für dich." Ich erschrak. Sollte ich das nicht tun? Ich führte einen innerlichen Kampf und letztendlich gewann mein Mutterherz. Ich küsste ihn auf die Stirn zum Abschied. Und das war gut so. Hätte ich das nicht gemacht, hätte ich mir ewig Vorwürfe gemacht, es nicht getan zu haben. Ich war zwei Mal beim Leichnam von Sascha, ich wollte am liebsten bei ihm bleiben bis zur Beerdigung. Die Vorstellung, dass er alleine ist, konnte ich kaum ertragen. Dieser wunderschöne Mann lag dort und bewegte sich nicht mehr, ich redete mit ihm und wollte nicht mehr den Raum verlassen. Dann sprach sein Vater mich an und sagte: „Carola, jetzt ist es gut, geh bitte hinaus, ich möchte mit Sascha alleine sein."

Bei Sascha gewesen zu sein beruhigte mein Herz etwas, zudem wurde mir die Tatsache sehr bewusst, dass mein Sohn nicht mehr lebt. Jedoch habe ich es zu jener Zeit immer noch nicht wirklich verstanden. Das Leben ging einfach weiter, die Erde drehte sich weiter, aber für mich stand alles still. Sobald ich die Augen zumachte, sah ich meinen Sohn im offenen Sarg liegen, wie er mich anlächelt. Werde ich jemals diese Bilder vergessen können? Möchte ich sie jemals vergessen können? In meinem Kopf drehte sich ein Karussell, alles passierte wie in einem nicht endenden Albtraum. Wann weckt mich jemand auf? Abends versuchte ich mich mit Wein zu betäuben, aber ich konnte trinken, so viel ich wollte, es betäubte mich nicht. Meine Nächte waren kurz, ich ging spät ins Bett und wachte morgens sehr früh auf. Dann setzte ich mich auf die Terrasse und lauschte den Vögeln. Für mich stand die Welt still.

Meine Mutter war ebenfalls am Ende, sie trauerte und konnte nicht verstehen, was passiert war. Ich versuchte meine restliche Kraft nun für meine Mutter zu bündeln, ich versorgte sie, brachte sie abends ins Bett, hielt ihr die Hand, versuchte sie zu beruhigen. Durch diese Aufgabe vergaß ich komplett, mich selber wahrzunehmen. War das ein Schutzmechanismus? Unsere Freunde kamen fast täglich vorbei und versuchten, mir, Uwe und meinen Eltern Kraft zu geben. Sie waren unermüdlich in der Unterstützung, nichts war ihnen zu viel. Wie dankbar ich ihnen dafür war.

Vorbereitung auf die Beerdigung

Die Frage kam, wie Sascha beerdigt werden sollte. Soll er verbrannt werden oder erdbestattet? Für mich war sofort klar: Diesen wunderschönen trainierten, tätowierten Körper dürfen wir nicht verbrennen. Ich fragte Mischa, ob Sascha mit ihm vielleicht mal darüber gesprochen hat. Aber er sagte: „Über so etwas haben wir nie gesprochen, Mama." Aber er war meiner Meinung, Sascha solle erdbestattet werden. Unsere Entscheidung teilten wir dann dem Vater mit, der ebenfalls einverstanden war.

Die Trauerrede wurde vorbereitet, wir trafen uns jeden Tag mit dem Vater, alles wurde gemeinsam abgestimmt. In unserer Trauer waren wir vereint, es gab kein böses Wort, wir stützten uns gegenseitig. Der Halbbruder meiner Kinder stand mir in der ganzen Zeit sehr zur Seite, er versuchte mich zu unterstützen, lange Gespräche führte ich mit ihm und seiner Frau. Er liebte Sascha auch sehr, die zwei hatten viel gemeinsam gemacht. Ihm fiel der Abschied ebenfalls unendlich schwer.

Nun war zu überlegen, wie die Beerdigung ablaufen sollte. Ich rief unseren Pfarrer an, der Sascha und auch Mischa getauft hatte. Jedoch sagte er mir, dass er nun eine andere Stellung im Dienst der Kirche habe und leider die Beerdigung nicht durchführen könne. Ich solle den zuständigen Pfarrer anrufen. Ich wollte aber keinen anderen und überlegte hin und her, wie Sascha verabschiedet werden sollte. Ein junger Mann – will ich ihn in einer Kirche verabschieden lassen? Ist das der richtige Abschied? Sascha hatte nach der Konfirmation nicht viel mit der Kirche zu tun. Sein Vater und ich unterhielten uns mit dem Bestattungsunternehmer darüber und er hatte für uns die beste Lösung parat. Er kannte eine freie Theologin, die in der Trauerhalle des Instituts eine Trauerrede halten könnte. Er schlug vor, dass wir uns mit ihr treffen und dann entscheiden. So machten wir es, wir verabredeten uns zu einem Gespräch und die Chemie passte. Keine Kirche, kein Gott, keine Scheinheiligkeit.

Die Trauerrednerin war eine wundervolle Theologin, sehr empathisch, ich berichtete ihr von meinem Sohn, den so viele liebten. Bei diesem Gespräch ging mir fast das Herz über, ich konnte von allen wunderbaren Sachen erzählen, die ich mit Sascha erlebt hatte. Seine Streiche, die er uns allen gespielt hatte, seine Leidenschaft fürs Bodybuilding sowie für seinen R 32. Ich teilte ihr sowie dem Beerdigungsinstitut und dem Vater mit, dass sehr viele junge Menschen zur Beerdigung kommen würden, um von ihm Abschied zu nehmen. Er hatte sehr viele Freunde und Freundinnen. Der Vater hatte die Idee, nach der Beerdigung einen Abschiedskaffee für alle zu machen. Ich sagte ihm, dass ich damit rechnete, dass mindestens 80 Leute zur Beerdigung kommen würden. Er schaute mich mit großen Augen an. Sascha war sehr beliebt unter den jungen Menschen, da er immer hilfsbereit und lustig war.

Ich stellte mit meinem Daddy eine CD mit Bildern von Sascha zusammen, liebevoll ausgewählte Bilder vom Kleinkind bis zum Erwachsenen, dazu lief Musik von Lindsey Stirling – diese Geigerin fand er scharf und die Musik gefiel ihm – und natürlich auch den Böhsen Onkelz, „Nur die Besten sterben jung“. Es war kaum zu ertragen für mich, die Bilder zu sehen und die Musik auszuwählen. Aber ich funktionierte, es sollte ein angemessener Abschied von Sascha werden. Ich konnte und wollte mir den Tag der Beerdigung nicht vorstellen. War das Wirklichkeit oder wachte ich bald aus diesem schrecklichen Traum auf?

Ich erhielt die Aufgabe, die Sargträger auszuwählen und mit ihnen den Ablauf zu besprechen. Es war sehr schwer für mich, da alle seine Freunde ihn tragen wollten. Wen sollte ich nun auswählen? Dazu war ich völlig überfordert mit den Gesprächen, ich wollte mir lieber die Decke über den Kopf ziehen oder weglaufen. Aber auch da ging ich durch und funktionierte für Mischa und Sascha. Zu guter Letzt hatte ich acht junge Männer beisammen und die anderen waren, falls etwas Unerwartetes geschehen würde, ihre Ersatzmänner.

Die Presse

Die Wochenzeitung in dieser Region kam immer mittwochs und sonntags. Am Mittwochmorgen – ich war wieder sehr früh wach – lag sie vor der Türe meiner Eltern. Ich dachte: Schau mal rein und lenke dich mit der Lektüre ab. Ich blätterte die Zeitung durch, las den einen oder anderen Artikel. Was stand da? Da war eine Rubrik „Top und Flop", und ich konnte nicht fassen, was ich unter „Flop der Woche" las. Wie pietätlos kann eine Zeitung sein? Der Motorradunfall meines Sohnes Sascha war unter Flop der Woche abgedruckt worden. Geht's noch? Was sollte ich nun machen? Das durfte nicht sein. Ich wartete, bis meine Eltern wach waren, und zeigte es meinem Daddy; er war ebenfalls erschrocken über diese Worte.

Ich beschloss, dagegen anzugehen. Ich rief in der Redaktion an und wollte Antworten. Nach langem Hin und Her rief mich der Chefredakteur zurück und versuchte, es zu erklären. Zeitgleich gingen viele Nachrichten der Freunde von Sascha ein, junge Menschen, die diesen Artikel auch gelesen hatten. Sie schlossen sich zusammen, um der Zeitung einen Besuch abzustatten. Sie waren wütend und über die sozialen Medien machten sie sich auch Luft auf der Seite der Zeitung.

Der Chefredakteur entschuldigte sich bei mir und versprach, in der nächsten Ausgabe eine öffentliche Entschuldigung abzudrucken. Der zuständige Redakteur sei auf Urlaub, aber sobald dieser wieder im Haus sei, werde er sich persönlich bei mir entschuldigen. Er konnte sich nicht erklären, wie das passieren konnte. In der nächsten Ausgabe wurde tatsächlich eine Entschuldigung und Stellungnahme abgedruckt. Nach drei Wochen rief mich der zuständige Redakteur an und weinte am Telefon, es tue ihm so leid, das sei nicht seine Absicht gewesen. Er habe die Folgen nicht bedacht, es gebe keine richtigen Worte für mich. Er entschuldigte sich mehrfach in diesem Telefonat. Die Zeitung erließ uns auch die Kosten der Danksagung, als Zeichen ihres schlechten Gewissens. Mir wurde sogar die Zeitung später nach Hause geschickt, da ich nicht im Einzugsgebiet der Zeitung wohnte.

Eine gute Bekannte

Zwei Tage vor der Beerdigung schrieb ich einer Freundin und bat sie, zum Begräbnis zu kommen, übermittelte ihr die Uhrzeit sowie die genaue Adresse der Trauerhalle. Sie schrieb mir zurück: „Möchtest du das wirklich, dass ich komme?" Natürlich wollte ich ihren Beistand an diesem Tag und schrieb ihr das auch. Ich brauchte sie, das war für mich klar. Wir hatten so viele Abenteuer gemeinsam erlebt und immer viel miteinander gelacht. In der Trauer brauchte ich sie jetzt, sie hatte auch Kinder; ich dachte, sie versteht meinen Schmerz.

Gut, sie werde kommen, schrieb sie mir. Ich war beruhigt, dachte, sie und Uwe werden mich unterstützen in den nächsten Tagen. Doch einen Tag vor der Beerdigung schrieb sie mir, dass sie nicht kommen kann. Ich verstand die Welt nicht mehr. Es war mir nicht mehr möglich, auf diese Nachricht zu antworten. War das Freundschaft? Oder war sie selber völlig überfordert mit der Situation? Ich weiß es bis heute nicht und möchte es auch nicht wissen. Heute ist mir klar, dass viele Menschen mit dem Tod nicht umgehen können und sich lieber entziehen. Das muss ich akzeptieren. Aber das Vertrauen zu ihr war komplett zerstört.

Der Abschied in der Trauerhalle

Die Trauerhalle war gefüllt mit trauernden jungen und älteren Menschen und auf dem Hof standen noch weitere junge Menschen. Ich schätze, dass 200 Menschen Sascha das letzte Geleit gegeben haben. Mischa und ich saßen auf der Seite des Vaters und seiner Familie, Mischa wollte dort sitzen und mir war egal, wo ich sitze, nur halt neben Mischa. Aus diesem Grund saßen meine Familie und Uwe auf der anderen Seite. Nun saß ich vor dem aufgebahrten Sarg, wunderschöne Blumen waren überall ausgebreitet worden. Ich konnte meine Tränen nicht mehr halten und weinte los. Meine Mutter sah das, nahm ihren Stuhl, kam zu mir und hielt meine Hand. Sie sagte, dass sie es sonst nicht hätte ertragen können.

Wir hörten die jungen Menschen weinen und trauern, einige hatten Probleme mit dem Kreislauf und versuchten mit Hilfsmitteln, nicht das Bewusstsein zu verlieren. Als das Video mit Saschas Bildern präsentiert wurde, wurde es immer stiller, nur das Weinen war zu hören. Mir war es nicht möglich, dem Video komplett zu folgen, es machte alles nur noch schlimmer. Heute muss ich meinen Sohn abgeben, wie soll ich das überleben? Möchte ich das überleben? Warum bin nicht ich gegangen und meine Söhne könnten beide leben und um mich trauern? Das kann doch alles nicht wahr sein, das ist gegen die Natur, die Eltern gehen zuerst, nicht die Kinder.

Mischa und ich saßen zusammen, jedoch konnte ich ihm keinen Beistand geben, und er mir auch nicht. Ich weinte die ganze Trauerrede lang durch. Als zum Schluss das Vaterunser kam, schauten Mischa und ich uns an und blieben auf unserem Stuhl sitzen; alle anderen standen auf und beteten das Vaterunser. Für Mischa und mich war das zu diesem Zeitpunkt unmöglich, wir fühlten uns von Gott verlassen. Warum sollten wir ihn nun ehren? Nein, wir blieben sitzen und verweigerten das Vaterunser.

Am Ende kamen die jungen Männer, die Sascha ins Auto trugen. Ich ging hinter dem Sarg her bis zum Auto und schrie, denn nun war dieser Schmerz unerträglich. Ich wusste, nun geht es zum Friedhof, ich hatte Angst. Meine Nichte kam auf mich zu und versuchte, mich zu halten, sie sprach liebevoll mit mir, um mich zu beruhigen. Aber ich konnte und wollte mich nicht beruhigen. Mein Sohn lag in einem Holzkasten und sollte nun unter die Erde. Wie sollte ich damit fertigwerden? Ich konnte meine Tränen und meinen Schmerz nicht mehr in mir behalten.

Wir fuhren im Konvoi aus vielen verschiedenen Autos hinter dem Leichenwagen her. Der Vater, mit Uwe und mir an Bord, im ersten Auto, ich wollte ganz nah bei meinem Sascha sein.

Die Beerdigung

Am Grab nahm ich wahr, dass gestandene und gestählte junge Männer mit roten Rosen Sascha ehrten. Die Welt stand still und doch drehte sie sich weiter. Der Friedhof war mit Menschen überfüllt. So viele traurige Menschen! Als wir alle vor dem Grab standen, sah ich, wie ein Schmetterling über dem Sarg flog. War Sascha bei uns?

Ich brach am Grab zusammen, am liebsten wäre ich mit in das Loch gesprungen. Uwe hob mich vom Boden auf und hielt mich sehr fest, er hatte Angst um mich. Er hielt mich und schützte mich vor den Blicken der Menschen. Einige liebe Menschen kamen persönlich zu mir und wollten mir Beistand geben. Einige davon kannte ich gar nicht, aber sie wollten Sascha die letzte Ehre erweisen. Sascha wurde von vielen Menschen geliebt und verehrt, einige junge Menschen erzählten mir ihre Erlebnisse mit meinem Sohn. Sie konnten sich immer auf Sascha verlassen, er habe ihnen zu jeder Tages- oder Nachtzeit geholfen. Ich hörte ihre Erzählungen gerne, denn so war mein Sohn: hilfsbereit, sozial und liebevoll. Natürlich hatte er auch andere Seiten.

Verabredet war, dass wir vom Grab weggehen, damit niemand persönlich kondolieren kann, aber ich konnte Sascha nicht verlassen, ich blieb versteinert neben dem Grab stehen. Nach der Beerdigung boten wir einen Trauerkaffee in der Dorfhalle für alle an, einige der Freunde von Sascha und Mischa waren gekommen. Meine Cousine und Uwe führten mich und meine Nichte führte meine Mutter vom Friedhof herunter. Wir gingen gerade über die Flussbrücke, da kam mir eine Verwandte entgegen. Ich fragte was los sei, und sie antwortete mir: „Das kann ich alles nicht, ich muss weg." Ich dachte in dem

Moment nur: Und wer fragt mich, ob ich noch kann? Ich war über dieses Verhalten sehr irritiert.

Später erzählte mir eine unbekannte Frau, was diese Verwandte am Grab über mich gesagt hatte. Ich war fassungslos. Wie konnte jemand so über mich reden? Später sprachen mich noch weitere Personen darauf an. Alle waren sprachlos über die taktlosen Worte, die über mich gesagt worden waren. Ich registrierte das jedoch an diesem schrecklichen Tag noch nicht, es war mir in dem Moment egal. Heute kann ich nur erneut sagen, dass die wenigsten Menschen mit der Trauer und dem Tod umgehen können. Ich denke, das erleben alle Hinterbliebenen auf ähnliche Weise. Wir verlieren nicht nur unsere Liebsten, sondern auch Menschen, die damit nicht zurecht kommen. Die Wenigsten können den Schmerz eines verwaisten Elternteils nachempfinden und das ist auch legitim.

Mischa saß mit den jungen Leuten an einem Tisch und sie redeten viel von Sascha. Ich setzte mich zu ihnen, da der eine oder andere mit den Nerven am Ende war. In meiner eigenen Trauer versuchte ich, den jungen Menschen zu helfen, was mir wiederum auch guttat in diesem Moment. Dies war der schlimmste Tag meines Lebens, dachte ich ...

Meine Nebenschauplätze

Die Situation nach der Beerdigung fiel mir wieder ein, ich konnte die Welt nicht mehr verstehen. Mir wurden Vorwürfe gemacht, dass ich einige Menschen nicht über den Tod von Sascha informiert hätte. Aber ich hatte außer Mischa und seinen Vater niemanden informiert, nicht einmal meine Eltern. Ich war nicht in der Lage gewesen, zu telefonieren, geschweige denn, andere Kommunikationsmittel zu nutzen. Hätte ich Uwe zu diesem Zeitpunkt nicht gehabt, es hätte niemand erfahren. Ich erklärte in aller Ruhe, dass es zum Tode eines Kindes keine Liste geben würde von den Leuten, die man anrufen muss, so wie bei der Geburt eines Kindes. Später ist mir durch die sozialen Medien bewusst geworden, dass viele schon vor mir wussten, dass Sascha verstorben war, da der junge Mann, der den Unfall mitbekommen hatte, sich auf Saschas Seite von ihm verabschiedet hatte. Dass ich zu diesem Zeitpunkt nicht auf die sozialen Netzwerke zugreifen konnte, war für mich ein Segen. Denn wenn ich mir vorstelle, ich hätte diese Nachricht über diese Kanäle erfahren, wäre ich auf dem Rückweg verzweifelt.

Mit der Verwandten, die so schlecht über mich gesprochen hatte, habe ich nach der Beerdigung meines Sohnes den Kontakt abgebrochen, da mir mein Seelenheil wichtiger war als alle Erklärungen. Durch den Verlust von Sascha wurde mir bewusst, dass ich ein Recht habe, mich selber zu schützen. Ich lag schon am Boden, da brauchte ich nicht noch zusätzliche Last. Der tägliche Kampf ums Überleben war schon anstrengend genug.

Manche Menschen – auch sehr nahestehende – haben mir in dieser Zeit nicht gutgetan, haben mich durch ihre Reaktion zutiefst verletzt. Zu ihnen habe ich jeden Kontakt abgebrochen, ich wollte und will nichts mehr mit Menschen zu tun haben, die mich in meiner schlimmsten Zeit noch mehr zu Boden reißen.

Jedoch muss ich auch erwähnen, wie viele liebe Menschen mir in meiner Not halfen, mit denen ich schon längere Zeit keinen Kontakt mehr gehabt hatte. Sie hatten den Schneid, in dieser unsagbar schweren Zeit mit mir Kontakt aufzunehmen. Ich kann nur sagen, ich zog den Hut vor ihnen. Alle Unstimmigkeiten von früher waren mit einem Schlag ausgelöscht, es zählte nur noch die gemeinsame Trauer um mein Kind. Lockere Bekanntschaften wurden zu wundervollen Freundschaften bis zum heutigen Tag. Darunter meine Freundin Elke, die mir das Medium vorstellte und mir eine neue Sichtweise auf den Tod vermittelte. Sie kam fast jeden Tag zu mir und lieh mir ihre Schulter zum Ausheulen. Da ich nicht essen wollte in dieser schweren Zeit, brachte sie mir immer salzige Snacks mit und überlistete mich damit. Denn diesen Snacks konnte ich noch nie widerstehen. Kurz nach Saschas Weggang schrieb mich meine liebe Elisabeth an, unsere Kinder waren gemeinsam aufgewachsen und sie liebte meine Kinder, genauso wie ich ihre. Sie nannte Sascha immer Saschi und Mischa war für sie Mischi Maschi. Seit dieser ersten Nachricht schreiben wir uns jeden Tag. Unser Zusammenhalt ist wieder so wie früher und sie gab mir ebenfalls sehr viel Kraft, um weiterzumachen, und regte neue Perspektiven bei mir an.

Einige der Freunde von Sascha sind ständige Begleiter für mich geworden. Unsere Verbindung wurde über die Zeit immer enger und tiefer. Ich kann mich auf diese jungen Menschen völlig verlassen. Schön war auch für mich zu sehen, wie die Freunde sich um Mischa kümmerten, sie versuchten, ihn wieder aufzubauen und ihm Halt zu geben. Saschas Freunde wurden intensivere Freunde für Mischa. Sie hielten alle ebenfalls in der Trauer zusammen.

Leben ohne Sascha

Wie sollte ich ohne meinen Sohn weiterleben? Er fehlte jede Sekunde. Ich konnte nicht arbeiten, ich wollte bei Mischa sein, für ihn da sein. Er ging auch nicht arbeiten, er war aus dem Gleichgewicht geraten. Er versuchte sich abzulenken mit seinen Freunden und mit verschiedenen Aufgaben. Vier Wochen konnten wir nicht an ein normales Leben denken. Ich ließ einfach alles laufen. Ich versuchte, die Arbeit wieder aufzunehmen, aber es fiel mir nicht leicht, meine Gedanken kreisten nur um Sascha. Ich funktionierte nur, ich versuchte stark zu sein, ich weinte nur abends im Bett für mich alleine.

Dann an einem Tag im Juli – ich arbeitete wieder – erreichte mich ein Anruf vom Halbbruder meiner Kinder. Er teilte mir mit, dass Mischa im Krankenhaus liegt. Er hatte einen schweren Unfall auf dem Nürburgring mit seinem PKW, es bestehe der Verdacht eines Genickbruchs. Nein, nicht nun auch noch Mischa, vier Wochen nach dem Verlust von Sascha. Ich fuhr sofort in die Klinik, wo Mischa lag. Er lächelte mich an durch seine Halskrause. Es wurden einige Untersuchungen gemacht und im MRT tatsächlich ein Genickbruch festgestellt. Der behandelnde Arzt teilte mir dann in einem Gespräch mit, dass das ein alter Bruch sei und Mischa schon seit einigen Jahren damit leben musste. Mischa und mir fiel sofort der Motorradunfall von 2014 ein, nach diesem Unfall hatten die Ärzte ihn nicht ausreichend untersucht. Sobald Mischa aus dem Krankenhaus entlassen worden war, reichten wir Klage gegen das behandelnde Krankenhaus von damals ein, leider ohne Erfolg.

Dieser Unfall von Mischa warf mich erneut zurück, also beschloss ich, mir professionelle Hilfe zu holen und eine Kur zu beantragen. Vielleicht könnte mir eine Trauertherapie helfen, dachte ich. Sie wurde sofort bewilligt und es ging sechs Wochen später zu einer Kur ins Sauerland. Ich stellte jedoch schnell fest, dass dort keine Trauerangebote stattfanden. Hauptsächlich waren Spielsüchtige in dieser Klinik, sowie Flüchtlinge, die schwer traumatisiert waren durch ihre Flucht. Sie packten mich in eine Depressions- und Angstgruppe, es war kaum auszuhalten für mich. Meine Mitpatienten litten unter den Erzählungen von mir, einer lief sogar weinend aus dem Raum und kehrte in der Sitzung nicht zurück. Ich fühlte mich noch schlechter als vorher, da ich andere mit meiner Geschichte tiefer hinunterzog. Mir ging es schlechter als zu Hause, das war so aber nicht gewollt von mir.

Nach einigen Tagen stellte ich fest, dass es momentan das Schlechteste für mich war, getrennt von meinen Liebsten zu sein. Mischa war so weit entfernt von mir, kaum auszuhalten. Uwe kam mich, sooft es ging, besuchen und verbrachte mit mir Zeit abseits der Klinik. Ich genoss die Anwesenheit von Uwe, aber wenn er fahren musste, war es erneut, als würde meine Welt zerbrechen.

Das Trauerangebot, auf das ich gehofft hatte, gab es nicht. Ich fragte bei der Einzeltherapie nach und mir wurde mitgeteilt: „Es tut uns leid, die Therapeutin hat gerade gekündigt und wir haben noch keinen Ersatz." Dann war ich hier absolut falsch. Doch die Verantwortlichen meinten, ich müsse nur in den Gruppen mitarbeiten, dann ginge es mir bald besser. Jeden Morgen mussten wir uns alle in einem Raum versammeln – wir sagten dazu: „zum Appell antreten". Abends wurde uns um 22 Uhr das Fernsehen abgeschaltet und wir durften das Zimmer nicht mehr verlassen. Ich fühlte mich wie in einem Gefängnis. Da ich mich nicht gut aufgehoben fühlte, bat ich darum, mich frühzeitig zu entlassen, auf Grund des fehlenden Trauerangebots. Dies wurde abgelehnt. Ich solle bleiben und mich dem Ablauf fügen. Nein, dachte ich, das ist verlorene Zeit, und so rief ich die Rentenkasse an und berichtete von den Zuständen. Die Sachbearbeiterin war erstaunt über das Vorgehen der Klinik und sagte mir, ich solle sofort meine Sachen packen und nach Hause fahren. Ich sei nicht in einem Gefängnis und niemand dürfe mich dort festhalten. Mit dieser Erlaubnis packte ich in Windeseile meine Sachen und Uwe holte mich nach zwei Stunden ab.

In der Zeit meines Aufenthaltes ging ich viel spazieren und machte irgendwann auch meinen Frieden mit unserem Vater, denn ich war wütend auf ihn gewesen – wie konnte er mir mein geliebtes Kind nehmen? Bei den Spaziergängen sprach ich viel mit dem Vater, es waren kurze Zwiegespräche, die mir guttaten. Am Ende konnte ich mich sogar bei ihm für meine Wut entschuldigen und fand zurück zu meinem Glauben. Dieser Glaube, den ich hier beschreibe, ist nicht christlich, es hat nichts mit dem „lieben Gott“ und der Kirche zu tun. Es ist der Glaube an das Leben nach dem Tod und unser Zuhause. Denn daran habe ich schon immer geglaubt und nun erhielt ich auch Zeichen, dass es wahr war.

Auf Grund der schrecklichen Zustände in der Kur und meines Unwohlseins dort kamen mich meine Freunde besuchen und holten mich für einige Stunden zurück in ein schöneres Leben. Elke und Heiko kamen an einem Morgen und wir fuhren in ein Café in der Nähe, dort erholte ich mich etwas von den Umständen. Wir frühstückten gemeinsam und unterhielten uns über Sascha und andere Dinge. Hier fand der erste Kontakt zu Elkes Medium statt. Ein anderes befreundetes Paar entführte mich in eine andere Welt, sie hatten sich überlegt, mit mir eine kleine Schifffahrt zu unternehmen. Die Sonne schien und ich konnte meine Seele etwas baumeln lassen. Sie bauten mich sehr auf mit ihrer Gegenwart und ihrer Zuneigung. Ich bin heute noch unendlich dankbar für diese Besuche, sie schenkten mir Wärme und ich fühlte mich aufgehoben bei diesen wunderbaren Menschen.

Altenberger Dom

Lange Zeit fuhren wir jedes Jahr gemeinsam mit unseren Motorradfreunden Ende Oktober bei der Gedenkfahrt für die verstorbenen Motorradfahrer mit. Anfänglich fuhr ich noch selber mit meinem roten Trike und Uwe mit seinem schwarzen. Dazu wird in Köln der Außenring am Rhein gesperrt, damit die Motorrad- und Trikefahrer ohne Hindernisse gemeinsam zum Altenberger Dom fahren können. Geführt wird diese Aktion von der Motorradpolizei in Köln. Im Altenberger Dom wird dann im Anschluss eine Messe für die verstorbenen Biker abgehalten.

Für mich änderte sich 2017 alles. Ich verkaufte nach dem Tod von Sascha mein Trike. Ich konnte es noch nicht einmal mehr hören, die Geräusche von Motoren machten mich verrückt. Uwe jedoch wollte um jeden Preis weiterfahren und auch in diesem Jahr an der Gedenkfahrt teilnehmen. Er organisierte eine gute Anfahrt für sich und seine Motorradfreunde, viele begleiteten ihn, da sie wussten, wie schwer es für ihn in diesem Jahr sein musste. Uwe druckte ein Bild mit Tim und Sascha aus, das wollte er mit einer Kerze und zwei weißen Rosen in den Dom bringen. Den Erzählungen unserer Freunde zufolge brach Uwe im Dom dabei zusammen, die Last war zu schwer, aber er stellte die Kerze, die Rosen sowie das Bild hin. Unsere Freunde wichen ihm nicht von der Seite. Zur selben Zeit fuhr meine Freundin Elke mit mir zum Grab von Sascha.

Jedes Jahr fuhr Uwe weiterhin Ende Oktober zur Gedenkfahrt. Jedoch die schwerste Fahrt stand ihm noch bevor, das war im Oktober 2020. Die geführte Gedenkfahrt fiel leider wegen Corona aus, da jedes Jahr mehr als 5000 Biker daran teilnahmen und die Coronavorschriften dies nicht erlaubten. Uwe organisierte alleine eine

Anfahrt zum Altenberger Dom mit seinen engsten Freunden. Nun brachte er unsere drei Kinder in den Dom mit Kerze und drei weißen Rosen, es muss schrecklich für ihn und unsere Freunde gewesen sein. Uwe hatte die gesamte Kraft verloren, er war nur noch ein Schatten seiner selbst. Unsere Freunde hatten große Sorgen um ihn an diesem Tag, sie stützen ihn und versuchten ihm Kraft zu spenden. Ich war sehr froh, als er am Abend wieder wohlbehalten zu Hause ankam, völlig entkräftet. Aber er sagte mir, das werde er weiterhin machen, denn diese Fahrt sei für ihn von allergrößter Bedeutung. Sascha und Tim bedankten sich einmal in einer Sitzung mit dem Medium für diese Ehrung im Dom.

Saschas R32

Sascha hatte sich vor Jahren einen Golf R32 gekauft, er war sein ganzer Stolz. Er schraubte sehr viel an diesem Auto, nicht immer legal. Aus diesem Grund war der Wagen auf der Liste der Polizei, das berichtete mir Sascha irgendwann. Auf einer Fahrt musste er sich sogar vor der Polizei verstecken, er rief mich in dieser Situation an. Aus diesem Grund kam der Wagen in seine Halle, denn Fahren war unmöglich geworden. Er überlegte, den Wagen bald wieder nach Vorschrift umzubauen, brauchte aber erst mal Geld dafür.

Diesen R32 hinterließ uns nun unser Sohn. Mischa hatte großes Interesse, den Wagen zu übernehmen, aber mir und seinem Vater war unwohl bei dem Gedanken, dass Mischa ihn fahren wird. Also entschieden wir uns dagegen und erklärten Mischa unsere Bedenken. Mischa brachte ihn in die Werkstatt des Onkels, dort konnte der Wagen erst mal stehen, ohne zu stören.

Eine Freundin von Sascha bat mich, ihr den Wagen zu verkaufen. Nach Gesprächen mit Saschas Vater wurde der Verkauf abgeschlossen. Sie schaffte es, den R32 ohne große Schwierigkeiten ordnungsgemäß durch den TÜV zu bekommen. Ich bin sehr froh, dass sie das Auto liebevoll pflegt und auch fährt. Sie lässt den Traum meines Sascha weiterleben, das würde ihm bestimmt sehr gefallen.

Leider wurde der R32 Opfer der Flutkatastrophe im Juli 2021, das Wasser stand ihm bis zum Lenkrad. Der emotionale Schaden ist nicht mehr gutzumachen.

Bandscheibenvorfall 2018

Seit Saschas Weggang funktionierte ich nur noch, ich musste stark sein, auch für meinen Mischa. Jeder Tag war eine Qual, aber niemand sah mir an, wie es mir wirklich ging. Nach einiger Zeit lachte ich wieder und alle sahen die fröhliche Carola. Es war anstrengend für mich, ich fühlte mich wie eine Schauspielerin in einer Rolle. Aber es funktionierte, niemand fragte mehr nach meinen Gefühlen, es lief ja. Ich teilte mit wenigen meine unendliche Trauer, nur abends im Bett ließ ich meinen Tränen freien Lauf. Ich merkte auch schnell, dass viele mit meiner Trauer überfordert waren, ich wollte niemanden belasten. Ich ging also meinem Leben einfach nach, erfüllte die Erwartungen vieler Menschen und trauerte nur noch für mich. Ich spielte diese Rolle perfekt!

Ich merkte nicht, dass mein Körper nur noch ein einziger Krampf war, ich war verspannt von den Haarwurzeln bis zum dicken Zeh. Ich bekam immer öfter Schmerzen im Rücken, aber ich gab dem keine Beachtung, ich musste durchhalten. Im Urlaub mit Mischa und Uwe war dann der Höhepunkt erreicht, ich konnte in Mallorca nicht mehr laufen, die Schmerzmittel halfen mir nicht mehr. Die zwei waren sehr geduldig mit mir.

Zurück in Deutschland ging ich dann zum Arzt, ein MRT folgte. Dann die schlimme Nachricht: Sie haben einen schlimmen Bandscheibenvorfall, der müsste operativ behandelt werden. Okay, dachte ich, mach mal langsamer, dann schaffst du das auch wie vor zehn Jahren ohne Operation. Ich erhielt ein stärkeres Schmerzmittel und konnte mich betäuben, aber es half nicht lange. In einer Nacht im Juni 2018 waren die Schmerzen nicht mehr auszuhalten, ich überlegte, vom Balkon zu springen, aber ich konnte nicht mal aufstehen.

Uwe schlief noch und ich lag auf der Couch im Wohnzimmer, ich konnte ihn nicht wecken, da ich mich nicht mehr bewegen konnte. Es war Samstag und Uwe konnte lange schlafen. Wann wird er wohl wach werden?

Endlich kam er ins Wohnzimmer und sah mich schmerzverzerrt dort liegen. Was sollten wir nun machen? Er wollte den Rettungswagen holen, aber das wollte ich nicht. Ich wollte in das Krankenhaus, das sich mit meiner Narkose auskennt, nirgendwo anders hin. Dass ich allergisch auf Narkosemittel reagiere, hatte sich 2006 bei meiner dritten Brustoperation herausgestellt. Gesagt, getan! Uwe holte das Auto. Aber ich konnte nicht einsteigen, die Schmerzen waren kaum auszuhalten. Also doch Rettungswagen? Nein, ich musste es schaffen – und ich schaffte es. Uwe fuhr mich ruhig und vorsichtig ins Krankenhaus. Dort wurde ich eine Woche später operiert, bis dahin stand ich unter Morphin und anderen Betäubungsmitteln. Ich habe wenig Erinnerung an diesen Aufenthalt wegen der starken Medikamente, jedoch weiß ich, wie glücklich ich war, als mein Mischa an meinem Krankenbett stand. Er hasste Krankenhäuser, deshalb war es umso schöner, dass er zu mir kam. Seine Gegenwart gab mir wieder Kraft zum Weitermachen.

Ich war noch eine ganze Zeit nach der OP krankgeschrieben und konnte mich langsam wieder auf die Beine bringen. Jedoch ist seit diesem Zeitpunkt mein Nerv im Bein irreparabel geschädigt. Ich lernte danach, sensibler mit meinem Körper zu sein, jedoch fällt es sehr schwer, loszulassen, denn ich kann Sascha nicht loslassen. Mein Rücken wurde besser und der Krampf verlagerte sich nun auf meinen Kiefer. Sobald der Krampf im Kiefer war, bekam ich unendliche Schmerzen im Ohr, sodass ich den Kopf nicht mehr drehen konnte. Ja, sagte mir mal ein Arzt, Sie beißen die Zähne zusammen – und das kommt dabei heraus. Sie müssen die Trauer zulassen. Ich versuche, nicht zu krampfen, aber das gelingt mir immer noch nicht so gut, ich habe das Gefühl, ich muss mich selber festhalten, sonst zerfalle ich.

Erste Botschaften aus dem Jenseits von meinem Sascha

An einem Nachmittag kam meine Freundin Elke mich mit ihrem Mann in der Reha besuchen. Wir fuhren zu einem Café, dort gab sie mir einen Brief von ihrem Medium. Sie kannte diese Frau schon seit 40 Jahren und berichtete mir von der Dame. Wie sollte sie mir etwas von Sascha sagen können? Früher war ich mit einer Freundin bei einer Wahrsagerin gewesen, aber ihren Worten habe ich damals nicht so vertraut. Und jetzt sagt mir Elke, das Medium habe mit Sascha sprechen können und er wolle, dass sie mir hilft. Ich dachte bei mir, da benötige ich einen Beweis, dass es wirklich Sascha war.

Sascha hat sich bei dem Medium gemeldet, was heißt das? Das wollte ich wissen. Das Medium solle mir diese Nachricht zukommen lassen – darum hat Sascha gebeten. Ich war etwas irritiert. Konnte sie mit Verstorbenen reden? Elke berichtete mir von der Hilfe, die sie über das Medium zum Tod ihres Vaters erhalten und dass sie schon viele Beweise erhalten habe. Ich möge einfach mal vertrauen und mir den Brief durchlesen.

Sie berichtete, dass Sascha sehr ungehalten war, weil das Medium nicht sofort mit ihm sprechen wollte. In diesem Brief gab Sascha mir auch einen Beweis, dass er es tatsächlich war. Denn er sprach etwas an, das nur wir beide wissen konnten. Der Beweis war damit für mich erbracht. Dieser Kontakt, diese Worte von Sascha bauten mich auf, ich wusste, dass er immer in meiner Nähe war und sein wird. Zu hören, wie gut es ihm jetzt geht, war ein kleiner Trost. Sascha ließ mir ausrichten, dass es weder kalt noch dunkel sei, ich solle mir keine Sorgen machen. Ja, das war meine größte Sorge, und er nahm sie mir nun. Ebenfalls ließ er mir Liebe übermitteln und teilte mit, dass er gesehen hat, dass ich sein Bild geküsst hätte einige Tage zuvor. Es tue ihm sehr leid, dass er mich verlassen hat, aber es sei wunderschön im Jenseits, anders als er gedacht hätte.

Die allerersten Zeichen von meinem Sohn erhielt ich, als wir mit dem Wohnwagen nach Kroatien fuhren, zwei Monate nach seinem Tod. Es war immer ein Milan in der Nähe, bis zur Grenze nach Kroatien, danach war er weg. Ich sagte damals zu meinem Mann, der durfte bestimmt nicht über die Grenze. Aber in Kroatien sah ich dann eine Wolke, die aussah wie ein großer Vogel (Siehe Bild). Für mich hieß das, mein Sascha ist bei mir, egal wohin ich gehe.

An meinem Geburtstag zog ein schlimmes Unwetter auf. Der Orkan wollte uns das Vorzelt abreißen, Uwe und ich versuchten mit aller Kraft, das Gestänge festzuhalten, aber meine Kräfte schwanden immer mehr. Neben uns schlugen die Blitze ein, ich konnte nicht mehr festhalten, also schrie ich nach meinem starken Sascha, ich bat ihn um Hilfe, und es wurde tatsächlich leichter für mich, das Gestänge zu halten, als wären noch zwei Hände da. Uwe und ich hätten das Gestänge nicht halten können, wenn nicht zwei liebe Männer gekommen wären. Sie fuhren mit einigen Handgriffen das Gestänge ein und forderten uns auf, sofort im Waschhaus in Sicherheit zu gehen. Wir folgten ihrer Aufforderung – zum Glück. An diesem Abend sind viele Camper geschädigt worden, der Orkan war einer der stärksten der letzten Jahre.

Auf dem Heimweg von Kroatien fuhren wir durch Österreich und auf einmal stand auf der Autobahn ein Schild, auf dem MAMA zu lesen war (Siehe Bild). Ich zog sofort das Handy heraus und fotografierte das Schild, da ich wusste, es wird mir niemand glauben. Für mich ging in diesem Moment die Sonne auf, mein Herz füllte sich mit unendlich viel Liebe. Danke, Sascha. Später, bei einem weiteren Termin beim Medium, bedankte Sascha sich für diesen Sommer. In diesem Moment fühlte ich mich bestätigt in meinen Gefühlen.

Foto: Carola Körnbach

Foto: Carola Körnbach

Im ersten Jahr, als Sascha von mir ging, hat er mir jeden Abend die Hand im Bett gehalten. Nur das konnte mir helfen, nicht mehr zu weinen, jeden Abend hatte ich die Bilder der Verabschiedung im Kopf. Er war jeden Abend bei mir, ich fühlte seine Hand auf meiner, das war ein kühles Gefühl, aber mein Herz erwärmte sich dabei. Am Anfang habe ich gedacht: Ach Carola, du atmest auf deine Hand und deshalb ist das Gefühl da, aber ich probierte aus, mir die Decke vor den Mund zu legen, und trotzdem war dieses Gefühl da. Nach etwa eineinhalb Jahren kam er nicht mehr täglich, ab und an kommt er nochmal abends vorbei und hält mir die Hand.

Ich übernahm Saschas Handy, so hatte ich etwas von meinem Sohn täglich bei mir. Jedoch hatte dieses Handy ein Eigenleben, später fand ich heraus, dass mein Schatz dies steuerte. Wenn er nicht wollte, dass mich derjenige erreicht, dann blieb das Handy stumm. Er schützt mich immer noch, auch noch nach seinem Weggang. Ich kann ihn auch riechen, wenn er in meiner Nähe ist, sein Parfüm sowie manchmal sein Waschmittel.

Anfang 2020 war eine ganz besondere Begebenheit. Ich lag schon im Bett und weinte mal wieder um meinen Sascha, denn das Vermissen hört nie auf. Ich machte die Augen auf und sah seine Silhouette auf meinem Sideboard, ich glaubte meinen Augen nicht. Was warf den Schatten? Der Schatten sah aus wie mein Sohn, wunderschön. Ich drehte mich zum Fenster. Hatte ich dort etwas stehen, was dieses Phänomen ausmachte? Nein, da stand nichts, ich schaute wieder zum Sideboard, der Schatten wird bestimmt wieder weg sein, du träumst. Nein, der Schatten blieb zwölf Minuten lang dort und ich konnte meinen Sohn nochmal sehen. Wunderschön und unglaublich, ich sprach mit ihm und war unendlich erfüllt, ihn zu sehen. Dankbarkeit für diesen Augenblick.

Schlimm ist, wenn ich das anderen erzähle und sie glauben mir nicht. Ich versuchte, Menschen in meinem Umfeld von verschiedenen Begebenheiten zu berichten, aber sie belächelten mich nur. Also berichtete ich nicht mehr darüber, aber heute möchte ich hier alles niederschreiben. In der Hoffnung, anderen vielleicht in ihrer Trauer zu helfen, damit man aufmerksam bleibt und wieder wird.

Mir hat es etwas geholfen, denn ich weiß nun, es geht ihm dort, wo er ist, gut, er friert nicht und ist nicht alleine. Öfters träumte ich, über eine wunderschöne, bunte Blumenwiese zu laufen, es endet immer an einem großen, schönen Haus. Sascha teilte mir irgendwann über das Medium mit, dass er das Haus für uns alle gebaut hat, und er hat mich schon mal mit auf die Reise genommen im Schlaf. Ich fühlte mich im Traum unendlich geborgen und zu Hause. Auf dieser Reise konnte ich die Großeltern meiner Jungs sehen, sie saßen in einem offenen Jeep. Sie sahen anders aus, viel jünger, schätzungsweise 30 Jahre. Sie lächelten mich liebevoll an. Sascha stand neben dem Jeep, aber leider mit dem Rücken zu mir. Sie lächelten mich liebevoll an und es war ein sehr angenehmes Gefühl. Wollten sie mir damit zeigen, dass sie auf meinen Schatz aufpassen? Jedoch fehlt er hier, ich vermisse meinen Schatz jeden Tag, jede Minute und jede Sekunde, das wird sich niemals ändern.

Hochzeit 2018

Uwe machte mir im Sommer 2017 in Kroatien einen Heiratsantrag, er musste sich die Erlaubnis meines Sohnes Mischa holen. Der war jedoch sofort mit der Hochzeit einverstanden. Für mich war außer Frage, dass wir nicht im Trauerjahr heiraten werden, also musste die Hochzeit noch einige Monate warten. Uwe hatte keine Probleme damit, er sagte liebevoll: „Mir ist egal, wann, Hauptsache irgendwann. Du sagst, wann du so weit bist." Im ersten Moment konnte ich nicht verstehen, wie er auf dieses schmale Brett kam, mich zwei Monate nach Saschas Weggang so etwas zu fragen. Er erklärte mir später ruhig: „Weißt du, ich hatte alles schon vor dem Tod von Sascha geplant und ich wollte das jetzt auch durchziehen."

Durch die Hochzeitsvorbereitungen war ich etwas abgelenkt, ich stellte fest, mir tat es gut, an etwas anderes zu denken als an meine tiefe Trauer. Ich konnte planen und meine Gedanken auf eine gelungene Hochzeit richten. Uwe und ich waren immerhin schon sieben Jahre ein Paar, nun wollte er mich tatsächlich heiraten. Die Hochzeitsvorbereitungen liefen alle sehr gut. Ich band auch meinen Mischa – soweit er es zuließ – in die Planung mit ein. Jedoch fiel ich auch so manches Mal in ein tiefes Loch, ich fühlte mich schlecht, dass ich ein großes Fest plante ohne meinen Sascha. Ich wünschte mir von Mischa zur Hochzeit, dass er mich zu Uwe führt und dass er das in Uniform macht, da Mischa bei der Bundeswehr war. Ich war so stolz auf Mischa, dass er sich seinen Traum erfüllt hatte. Schon als kleiner Junge wollte er immer Feuerwehrmann, Polizist oder Soldat werden. Jedoch lernte er als Erstes Maler und Lackierer, er war noch zu jung für die Bundeswehr. Aber zur richtigen Zeit setzte er seinen Traum um, nun war er bei der Bundeswehr und ich wollte stolz allen meinen Sohn zeigen.

Die Freundin von Sascha, die damals den VW Golf R32 gekauft hatte, bot mir an, mich in dem Wagen zum Standesamt zu fahren. Wunderschöne Idee, dann sind beide Jungs bei mir, dachte ich. So machten wir das dann auch, im Wagen bekam ich auch noch ein Bild von Sascha und so fuhren wir zu dritt zum Standesamt.

Auf dem Foto, auf dem Mischa mich zu Uwe führte, kann man Lichtkegel sehen. Für mich stand fest: Das sind Sascha und Uwes Sohn Tim. Sie waren bei unserer Trauung ebenfalls anwesend. Nach der Trauung ließen wir noch am Standesamt zwei Luftballons mit den Namen Sascha und Tim in den Himmel steigen. Mischa bekam von mir eine Medaille „Mein Sohn". Es war mir/uns unendlich wichtig, dass all unsere Kinder an unserem besonderen Tag erwähnt werden.

Ich trug ein schwarzes Band um die Hüfte, das war mein Symbol für meinen Sohn Sascha. Die Köchin der Gaststätte, in der wir feierten, fragte mich nach dem Grund. Ich berichtete ihr vom Tod meines Kindes und dass dieses Band für ihn sei. Wir unterhielten uns sehr angenehm, dann erzählte sie mir von ihrer Freundin, die ebenfalls ein Kind verloren hat. Sie würde es schön finden, wenn ich mich mal mit ihr treffen könnte. Wir könnten uns ja dann austauschen. Einige Wochen später rief ich diese Frau an und wir verabredeten uns zum Kaffee bei mir. Sie brachte mir fünf Sonnenblumen mit, eigentlich wollte sie andere Blumen mitbringen, aber irgendetwas in ihr sagte: Nein, nimm fünf Sonnenblumen. Sie lächelte, als ich ihr mitteilte, dass Sascha zu der Zeit immer fünf Sonnenblumen aufs Grab bekommt, und sagte: „Dann hat dein Sohn mich dazu gebracht." Wir haben uns nur dieses eine Mal getroffen, aber es war intensiv. Seit dieser Begegnung weiß ich, dass es vorbestimmte Kontakte gibt, die wir im weiteren Leben benötigen oder die uns besonders prägen. In diesem Fall weiß ich, warum wir uns treffen mussten damals. Sie hat mir 2020 den Kontakt zu meinem Therapeuten vermittelt, ohne sie hätte ich ihn heute nicht an meiner Seite. Dafür bin ich sehr dankbar.

Medium

Ich hatte einige Sitzungen mit Elkes Medium, sie konnte mir sehr gut helfen in meiner Trauer. Bei manchen Sitzungen war ich unendlich erstaunt, was Sascha alles sagte, denn das konnte das Medium nicht wissen, auch nicht von meiner Freundin. Es war immer faszinierend und wohltuend. Sascha ließ mir mitteilen, ich solle ein Buch lesen. Welches Buch, fragte ich, das Medium konnte es mir nicht beantworten. „Aber vielleicht meint Sascha ein Buch von einem bekannten Medium. Vielleicht sollst du dich mehr mit dem Thema Jenseits auseinandersetzen, denn wenn du einiges verstehst, wird der Schmerz über den Verlust vielleicht etwas leichter." Sie gab mir den Namen eines bekannten Mediums und ich las all seine Bücher. Diese Bücher halfen mir tatsächlich. Ich setzte mich mit dem Seelenplan auseinander und mit den Zahlenkombinationen als Engelsbotschaften.

In einer Sitzung kam sogar meine Freundin, sie verstarb 2014, außer Uwe weiß niemand etwas von Marillo. Nun sprach das Medium mit Marillo und der Inhalt war unfassbar für mich. Sie konnte nichts wissen von ihr und erst recht nichts über unsere Freundschaft. Jetzt brauchte ich gar keine Beweise mehr und die Unterhaltungen wurden immer ruhiger und beseelter. Mein Vater entschuldigte sich bei mir, wegen seiner Erkrankung sei er zu Lebzeiten so gewesen. Danke, endlich erhielt ich meinen Frieden auch mit meinem Vater. Ich fühlte mich ruhiger, denn er sagte, wie stolz er auf mich sei und dass er immer auf mich aufgepasst habe.

Mischa begleitete mich auch einmal zu ihr. Es war so spontan von Mischa, mich zu begleiten, dass wir dem Medium nicht mitteilen konnten, dass er mitkommt. Als wir ankamen, standen drei Tassen auf dem Tisch und sie sagte: „Sascha hat mir schon gesagt, dass du mitkommst, lieber Mischa." Mischa ließ sich aber nicht so leicht überzeugen. Als wir gingen, sagte er: „Ach Mama, ich weiß nicht, ob ich das glauben soll oder nicht, aber ich war sehr aufgeregt. Mir kommt das vor wie Voodoo", dann lachte er. Er würde mich wohl nicht mehr begleiten wollen, so mein Gefühl.

Mein Medium hat nie Geld von mir genommen, sie kochte lieber für mich und versorgte mich mit Kaffee. Sie sagte mir schon zu Beginn unserer Treffen, sie habe die Gabe, um uns Trauernden zu helfen, nicht um damit reich zu werden.

Hier einige Auszüge aus den Sitzungen:

4. September 2017

Er bedankt sich für die Kontaktaufnahme. Ich liebe dich, Mama. Ihre Kleine ist auch hier (Katharina) *Mein Bruder* (Mischa) *weint viel.*

Mama, lass das Motorrad!

Ich habe Mama gestern in den Arm genommen. Mama, weißt du noch, das Lied? Hier ist es warm, hier sind viele Bäume, hier ist es schön. Ich bin jetzt neu hier (im Himmel), *Tim ist auch hier. Mama, ich bin nur nach Hause gegangen. Mama, du musst beten, ich passe auf dich auf.*

Mein Bruder (Mischa) *ist ein Schelm, er will Aufmerksamkeit, er soll Konditor werden.*

2. November 2017

Mein Vater sagt, er würde mir immer helfen, und entschuldigt sich für sein Verhalten zu Lebzeiten, er hat es doch mit dem Kopf gehabt.

Sascha fragt, wo sein Motorradschuh sei. Er suche seine anderen Geschwister im Himmel noch. *Mama, du musst langsam machen. Es wird alles gut, Mama. Mama, es ist dumm gelaufen, da war ein Stein, deshalb bin ich mit dem Motorrad gestürzt. Mama, du musst damit abschließen. Hier oben ist auch Musik, ich küsse dich, Mama. Danke, Mama, für den schönen Kranz. Danke für den Sommer!*

Mischa spinnt, Mama, der will ein Motorrad haben, Mama, bete. Uwe ist fertig mit den Nerven.

Mama, das Zeichen ist fünf. Mama, guck nach Zeichen. Danke für die Rose an Allerheiligen.

29. November 2017

Mama, du brauchst nicht traurig zu sein, Mama, das ist meine Hand, es wird wieder alles in Ordnung kommen.

Mathias und Josef stehen neben Sascha, Sascha gibt an, dass das meine Söhne sind.

Mama, ich fahre immer mit dir Auto, du hast im Stau gestanden (Fahrt in die Reha). *Ich hatte noch so viele Pläne, aber hier ist es fantastisch. Mischa sehnt sich nach mir. Ich habe Mischas Haare gestreichelt.*

Für Mischa: *Mischa soll kein Motorrad fahren! Es wird alles gut mit Mischa, auweia, der hat Schiss. Mama. Danke für die Rosen zum Geburtstag.*

Sascha, was machst du den ganzen Tag? – *Ich spiele Billard.*

Mama, als du heute vor meinem Bild standest, stand ich neben dir und habe deine Hand gehalten. Mama, lass dir immer Zeit.

Alle vier Kinder sind zusammen und sagen: *Wir sind bei dir ausgezogen. Du bist immer unsere Königin.*

Mama, du warst schon mal mit mir hier, ich habe dich im Schlaf mitgenommen. Engel sind hier, wir sterben nicht!

25. Jänner 2018

Sascha war bei Oma (meine Mutter), er wollte sie zum Ausflug holen, aber sie wollte nicht mit. – Dies erzählte meine Mutter mir ebenfalls.

Mama, ich gehe jetzt wieder zur Schule, ich lerne etwas mit Holz.

Bei diesem Telefonat saß ich in meinem Büro und das Radio lief im Hintergrund. Sascha kam zu mir ins Büro, das Radio war von mir im Vorfeld auf lautlos gestellt worden, jedoch machte es jetzt Geräusche, mein linker Arm fühlte sich anders an als der rechte. Ich merkte deutlich: Da ist etwas im Raum.

Er sagte stolz zum Medium: *Toll, meine Mama, ich habe schon einiges gelernt.*

Und wie stolz ich war, dass er das konnte.

Tschüss, Mama, bis bald, dann haben wir wieder viel zu erzählen.

2. Februar 2018

Termin gemeinsam mit Mischa beim Medium.

Mein Bruder (Mischa) *ist toll. Was wir wollten, war verboten; sei ruhig, Mischa. Ich bin dein großer Held.* Sascha spricht von seinem Vater, er sei doch nur ein Biovater, aber Mischa habe sich auch schon seine Gedanken zu ihm gemacht. *Mischa, bitte fahr mit dem Fahrrad. Deine Arbeit ist doch wunderbar, es wird mehr werden. Mischa, wir haben viel gelacht und viel Strunz gemacht. Mischa, du musst wieder rechnen* (Geld). *Mischa, denk daran, wir hatten mal einen Geheimauftrag. Mischa, ich habe ein Bild von dir hier oben. Mischa, du musst Regina vertrauen.*

Mama, da kommt eine Gerichtsverhandlung. (Sie kam tatsächlich am 20. und 21. Februar 2018 auf mich zu, ich war als Schöffe verpflichtet worden.)

Mischa, hast du dein Auto gestylt? Wo ist meine Kappe? (Mischa hat die Kappe)

Mischa, hier ist der Wahnsinn. Sascha möchte das Geheimnis, das er mit Mischa hat, nicht verraten. *Papa hat ein schlechtes Gewissen, bei Papa ist alles finster. Mischa, du brauchst keine Angst zu haben. Ich bin oft bei dir im Schlafzimmer.*

Tim, Uwes Sohn, möchte etwas mitteilen, aber Sascha sagt ihm: *Hör auf, da sitzt jetzt mein Bruder. He, Mischa, ich bin hier zu Hause, hier ist es schön, du wirst ruhige Wege bekommen, brauchst keine Angst zu haben. Mischa, bete! Es wird sich etwas tun in deinem Haus. Mischa, wenn du zur Bundeswehr fährst, bin ich mit im Auto und passe auf dich auf.* Die Frage „Gibt es Zeit im Jenseits?" verneint Sascha. *Ich muss jetzt gehen, ich werde abgeholt.*

22. November 2018 (Saschas Geburtstag)

Ich hatte nach dem Besuch bei dem Orthopäden einen Zusammenbruch im Auto. Ich wollte nach Hause fahren, in dem Moment rief mich meine Freundin an. Sie erkundigte sich nach meinem Befinden. Dann bat sie mich, zum Medium zu kommen, Sascha würde schon auf mich warten. Dies machte ich dann auch, jedoch weiß ich heute nicht mehr, wie ich unter Tränen dort angekommen bin.

Bevor ich ankam, sagte Sascha schon zum Medium: *Es läuft jetzt, Mama ist auf dem Weg zu dir.*

Mama, hast du die Reise gebucht? Grüße bitte die Oma. Mein Vater erscheint und sagt, er steht bei mir, alles werde wieder gut.

Mama, morgen machst du aber mal eine Pause. Mama, du hast mir heute so viel erzählt, ich habe alles gehört. Mama, du schwelgst zu sehr in der Erinnerung, mir geht es doch gut hier. Du willst immer alles überspielen, das sind deine Nerven jetzt. Die Jahre werden vergehen, bis wir uns wiedersehen. Es ist einfach schön hier, glaub uns das.

Ich weine ununterbrochen.

Daraufhin sagt Sascha: *Mama, hör auf zu weinen. Grüß mal meinen Bruder Mischa. Habe die Ehre.*

Du hast mich immer gesucht, brauchst mich nicht zu suchen, ich bin immer bei dir. Ich habe an die Türe geklopft, aber du hast es nicht verstanden.

Oma muss Medizin nehmen. Oma wird bald ein Pflegefall, aber Opa wird alles für sie tun. (Meine Mutter erhielt zwei Jahre später die Diagnose Parkinson)

Mama, du bekommst bald wieder Ruhe, lass uns zufrieden sein, der Uwe liebt dich. Mama, koche heute mal Gemüse.

Papa ist vollkommen getroffen, er steht gerade am Grab. Da ist Nebel bei Papa, er ist verwirrt im Kopf. Aber es geht ihm so weit gut. Papa ist so fertig heute.

Später rief ich den Vater an und fragte nach, ob er zu der Zeit am Grab war, dies bestätigte er mir.

Mama, du brauchst gar nicht zu weinen. Ich küsse dich. Mama, bleib einfach nur stark, wenn du das alles machst, bin ich stolz auf dich. Mama, ich wohne in einem großen Haus.

Ich frage nach meinem Traum, wo er mit seinen Großeltern und ein Jeep drin vorkamen.

Ja, ich wohne mit Oma und Opa zusammen, Volltreffer. Also erinnerst du dich doch an den Ausflug mit mir.

Mama, ist alles wieder klar bei dir? Du bist für mich was Großes.

Mama, ich sehe dich in 3D. Ich frage: Und wie sehe ich aus? *Fantastisch, guckt mal, das ist meine Mama, die hat schöne blonde Haare. Mama, fahre jetzt langsam nach Hause, ich sitze neben dir. Es wird alles gut, Mama, du musst keine Angst haben. Du wirst langsam hellhörig. Heute war ein besonderer Tag, ich konnte mit dir sprechen. Sascha muss gehen.*

Ich konnte ruhig und mit viel Liebe im Herzen den Heimweg antreten.

Vorbereitung auf den Weggang von Mischa

9. Juli 2020

Mein Mann und ich arbeiteten seit einem Jahr zusammen in der Bildungsgesellschaft, es macht uns Freude, gemeinsam zur Arbeit und von der Arbeit nach Hause zu fahren. Vieles ist dadurch einfacher geworden für uns. So machten wir auch am 9.Juli gemeinsam Feierabend und gingen zum Auto. Ich fuhr uns immer, da Uwe Probleme mit den Augen hat und es genießt, dass ich ihn fahre. Zu allem Übel bin ich auch noch ein schlechter Beifahrer. Wie auch an diesem Tag.

Kurz vor dem Auto bekomme ich den Gedanken **„Du musst sterben".** Was soll das?, dachte ich, Okay, dann fahr mal vorsichtig, Carola, dass nichts passiert. Wir fahren auf die Autobahn wie jeden Tag, auf einmal: Stau, Rettungsgasse bilden und abwarten. Die Rettungswagen kommen an uns vorbei und ich bekomme einen Nervenzusammenbruch, ich schreie, heule, zittere, volles Programm. Was ist los mit mir? Uwe sitzt fassungslos neben mir. „Was ist los, Carola?"

Ich wusste es nicht, ich nahm an, dass mich das an den Unfall von Sascha erinnerte und ich deshalb zusammenbrach. Mir ging es für einige Minuten sehr schlecht. Uwe gab mir Wasser und eine Zigarette, langsam fing ich mich wieder, aber das innerliche Beben blieb. Dann kam der Rettungshubschrauber. Was war passiert vor uns? Ich dachte sofort an Mischa. War er vielleicht mit dem Motorrad zu uns unterwegs? Ich war aufgeregt zu sehen, was für ein Fahrzeug in den Unfall verwickelt war. Ich wusste ja, dass Mischa zu Hause ist, da er vor vier Tagen gestürzt war und sich die Ferse verletzt hatte. Mischa ging mir nicht mehr aus dem Kopf.

Endlich kamen wir an der Unfallstelle vorbei. Nichts von Mischa zu sehen, weder sein Auto noch sein Motorrad, alles in Ordnung für mich. Ich konnte wieder aufatmen und wir fuhren befreit nach Hause. Unterwegs auf der Autobahn hatte noch jemand eine Schaufel verloren, die uns entgegengeflogen kam, Uwe rief sofort von unterwegs noch die Polizei an, damit die Gefahrenstelle geräumt werden konnte. Warum hattest du solche Angst? Ich sollte es bald wissen.

Der Abend verlief wie jeder Abend. Ich schrieb Mischa noch eine Nachricht; ich wollte wissen, wie es ihm geht und was die Ferse macht. Da er nicht antwortete, dachte ich: Okay, dann ruft er dich gleich an, ich nehme das Handy mit ans Bett. Seit dem Unfall von Sascha hatte ich jede Nacht das Handy am Bett. Ich wollte, dass Mischa mich jederzeit erreichen kann. Mischa meldete sich manchmal erst später, wenn er von seinen Freunden zurück war, und ich gehe früh zu Bett. Also wunderte ich mich nicht, als um 23.30 Uhr mein Handy klingelte. Ich dachte, mein Schatz meldet sich, und freute mich. Jedoch erschrak ich, als ich sah, wer mich wirklich anrief.

Auf dem Display stand der Name seines Vaters. Mir stockte der Atem. Warum ruft er mich um 23.30 Uhr an? Ich ging zögerlich ans Handy und er sagte nur: „Carola, sitzt du? Carola, setz dich!" Dann kam der Satz, den ich nie mehr in meinem Leben vergessen werde: „Mischa hat sich totgefahren."

Ich schrie und rannte zu Uwe, der das Telefonat beenden musste. Was hatte dieser Mann gesagt? Mischa ist tot. NEIN, bitte lass es nicht wahr sein. Mein Leben endete mit diesem Satz! Ich war wie betäubt, ich konnte nicht weinen, nichts. Ich schlief nicht, sondern starrte nur ins Leere. Uwe hielt mich die ganze Nacht im Arm, er schlief neben mir, aber ich konnte nicht schlafen. Diese nächtliche Ruhe machte mir Angst. Hatte er wirklich gesagt, dass Mischa gestorben ist? Mein Prinz darf nicht hinübergegangen sein, nein, er kann mich nicht alleine hier lassen. Ich weiß heute nicht mehr so genau, wie ich die Nacht überstanden habe.

Nichts gab mehr Sinn, ich überlegte aufzustehen, aber was sollte ich dann tun? Ich konnte mich nicht bewegen, alles um mich herum stand still. Wir würden früh zu meinen Eltern fahren; wie soll ich ihnen sagen, dass ihr zweiter Enkelsohn gegangen ist? Schafft meine Mutter das? Immerhin ist sie schon über 80 Jahre. Sie wird sich erinnern, wie sie Mischa im Kreißsaal nach der Geburt auf dem Arm hatte, vor seinem Vater. Ich versuchte, meine Gedanken zu sortieren, aber es gelang mir nicht. Ich starrte einfach nur vor mich hin, dann endlich ging der Wecker. Routinemäßig machte ich mich fertig, kochte Kaffee. Wir redeten kaum ein Wort, da uns alle Wörter fehlten.

Uwe war in der Lage, in der Arbeit anzurufen und unseren Verlust mitzuteilen. Unsere gemeinsame Chefin rief später nochmals an, um uns persönlich zu kondolieren, wir weinten gemeinsam am Telefon. Danach rief er unseren Arzt an, der uns beide sofort krankschrieb. Ich war Uwe dankbar, dass er in der Lage war, an solche Sachen zu denken. Mein Kopf war leer, im Auto fiel mir dann aber ein, dass ich in der Kaserne von Mischa in Frankreich anrufen muss, damit sie wissen, dass er nicht zum Appell kommen kann. Schaffe ich das?

Abschied von Mischa

Nun waren wir auf dem Weg zu meinen Eltern. Wir wollten ihnen das nicht am Telefon sagen, sondern persönlich. Mein Vater machte uns die Türe auf und sah schon an unserem Aussehen, dass etwas nicht stimmte. Ich brachte nur „Mischa ist tot!" heraus. Er fiel mir weinend in die Arme. Meine Mutter schrie Gott an und schwieg danach. Sie konnte nicht reden, nur weinen und schreien. Nun saßen wir zusammen am Esstisch und keiner von uns war in der Lage zu sprechen, wir schwiegen eine lange Zeit.

Ich hatte von unterwegs die Bundeswehr in Frankreich angerufen, um mitzuteilen, dass mein Sohn seinen Dienst nicht antreten kann. Mir zitterte die Stimme, die nette Dame übernahm dann den Anruf beim Hauptmann. Sie teilte mir noch mit, dass mich gleich auch der Soziale Dienst der Bundeswehr anrufen würde, um Weiteres zu besprechen. Was wollen die von mir? Ich möchte keine Gespräche mit dem „Sozialen Dienst", niemand kann mir helfen. Ich willigte zwar ein, aber fühlte mich komisch dabei, ich würde es schon schaffen, dass sie mich nicht nochmals anrufen. Zu der Zeit wusste ich noch nicht, wie sehr mir der Soziale Dienst der Bundeswehr helfen wird. Dankbarkeit darüber stellte sich schnell ein.

Es war schrecklich, jedoch fühlte ich nichts. Ich war nicht in der Lage zu weinen, ich versuchte nur, mich zu halten. Mein ganzer Körper war ein Krampf und ich durfte nicht loslassen, da ich dachte, dann zu zerbrechen. Ich hatte starke Zuckungen im Gesicht, wie Tics. Leider hatte ich keine Ahnung, wie ich da gegensteuern konnte, es war ein schreckliches körperliches Gefühl. Wir waren alle fassungslos und tief getroffen. Mischa war wie sein Bruder mit dem Motorrad verunglückt. Wie soll ich das verkraften? Wie soll ich weiterleben? Und warum soll ich weiterleben? Der Sinn meines Lebens ist weg, alles ist nun ohne Bedeutung. ALLES!!!!

Uwe hatte dem Vater meiner Kinder in dem Telefonat in der Nacht gesagt, dass wir am nächsten Tag zu ihm kämen, um alles Weitere zu besprechen. Also fuhren wir gegen Mittag in Mischas Wohnung, sein Vater kam herüber. Er berichtete mir, dass die Motorradfahrerin, die mit Mischa unterwegs war, erzählt hat, dass Mischa seinen letzten Willen aufgeschrieben hat. Wir begannen zu suchen. Alle Räume und Schubladen wurden von uns untersucht. Dann war noch der Raum auf dem „Felsen", dem Hinterausgang aus Mischas Wohnung, da waren wir noch nicht. Mischas Vater versuchte die Türe zu öffnen, aber er schaffte es nicht und sagte mir, die Türe klemmt, ich komme nicht rein. Ich hatte keine Kraft und vertraute ihm. Er war ein gestandener Mann, wenn er es nicht schafft, werde ich es erst recht nicht schaffen. Wir fanden nichts an diesem Tag. Erstaunt war ich, dass der Halbbruder nicht bei seinem Vater war, ich vermisste ihn, war er doch bei Saschas Weggang sofort bei mir und half mir. Aber zu dem Zeitpunkt machte ich mir noch keine wirklichen Gedanken, das kam erst später, als meine Wolke im Kopf sich langsam lichtete.

Peter, der beste Freund von Mischa, kam zu meinen Eltern. Er berichtete, dass er kurz nach dem Unfall zur Unfallstelle gefahren sei, um bei Mischa zu sein. Nachdem er der Polizei klarmachen konnte, wer er ist, durfte er den Helm sowie die persönlichen Sachen von Mischa mitnehmen. Er bat die vor Ort befindlichen Polizisten, mich ebenfalls zu informieren, er gab der Polizei meinen Namen und meine Telefonnummer. Man versprach dem aufgebrachten Peter, einen Streifenwagen zu mir zu schicken. Er vertraute auf diese Aussage. Ich musste ihm jedoch enttäuscht mitteilen, dass sich bei mir niemand von der Polizei gemeldet hatte. Dass mich der Anruf des Vaters um 23.30 Uhr erreichte. Er war nun sehr aufgebracht, da so viel Zeit dazwischenlag. Ich versuchte ihn zu beruhigen, denn es spielte doch keine Rolle mehr, es hätte nichts verändert. Ich nahm alles nur noch durch eine dicke Wolke wahr.

Erstes Zeichen von Mischa und Sascha

Uwe und ich fuhren von Samstag auf Sonntag nach Hause, wir brauchten einige Dinge, um in der Eifel bleiben zu können. Wir waren auf der Autobahn A4 Richtung Eifel, Uwe fuhr, da ich nicht dazu in der Lage war. Ich schaute aus dem Seitenfenster und beobachte die Wolken. Auf einmal sah ich am Himmel ein Motorrad und einen Stinkefinger aus Wolken. Sehe ich richtig? Ich war nicht in der Lage, mein Handy herauszuholen, um es zu fotografieren, heute ärgere ich mich darüber, dass ich kein Bild gemacht habe. Aber wie gesagt, ich war nicht in der Lage, irgendetwas zu tun, ich war ein Eisblock.

Am Nachmittag kam der beste Freund von Sascha – und späterer auch von Mischa – mit seiner Freundin zu Besuch zu meinen Eltern. Sie wollten mir Beistand leisten, und das unter Corona-Bedingungen. Auf einmal erzählte mir die Freundin von dem Himmelsphänomen. „Carola, stell dir vor, was wir eben am Himmel gesehen haben, ein Motorrad und einen Stinkefinger. Das waren bestimmt Mischa und Sascha", sagte sie. „Ja", schrie ich, „das habe ich auch gesehen und das waren bestimmt meine Jungs." Oh, wie schön, ich hatte das Zeichen nicht alleine gesehen, sie sahen es zur gleichen Zeit an einem anderen Ort.

Die Presse

11. Juli 2020

Am nächsten Morgen rief mich meine Cousine an, die mir schon die größte Stütze bei Sascha gewesen war, und teilte mir mit, dass meine Jungs in der Zeitung abgedruckt seien. Wie? Ich verstand nicht. Sie sagte: „Carola, hol dir eine Zeitung und du wirst verstehen." Mein Daddy fuhr los und besorgte uns eine Zeitung. Tatsächlich, meine Jungs waren auf einem gemeinsamen Bild (mein Lieblingsbild) mit der Überschrift *Wie schafft eine Familie das?* abgebildet.

Ich war fassungslos. Woher hatte die Zeitung dieses Bild? Und unverpixelt abzudrucken geht gar nicht. Mich hat keiner um Erlaubnis gefragt, ich will das nicht. Sofort rief ich den Vater der Kinder an und fragte ihn, ob er die Erlaubnis dazu gegeben hatte. Er verneinte das. Bestimmt seien sie über die sozialen Medien an das Bild gekommen.

Uwe rief zeitgleich aufgebracht bei der Zeitung an und schaffte es, bis zur Redakteurin vorzudringen. Diese erklärte meinem aufgebrachten Mann, dass sie ein Interview mit Herrn ... hatten, einmal an der Unfallstelle und einmal bei ihm zu Hause.

Einen weiteren Tag später schrieb mich ein Redakteur eines Fernsehsenders an und bat mich um ein Interview. Er wolle wissen, wie eine Mutter mit so einem schweren Verlust umgehen kann. Ich verstand die Welt nicht mehr. Wie konnte mich jemand so etwas fragen? Ich konnte und kann nicht mit dem Verlust umgehen. Feingefühl war wohl der Presse ein Fremdwort. Ich wollte nur meine Ruhe und reagierte auf keine Anfrage.

Hier eine Anfrage eines Reporters vom 13. Juli 2020:

Liebe Frau Körnbach, ich möchte Ihnen zunächst mein aufrichtiges Beileid aussprechen und hoffe, dass Sie die Kraft finden, diese schwere Zeit nach dem Verlust Ihres Sohnes zu überstehen. Ich schreibe Ihnen aus der Nachrichtenredaktion von … in … Durch einen Kollegen vor Ort bin ich informiert worden, dass Sie vor drei Jahren bereits eine ebenso schreckliche Zeit durchmachen mussten. Ich frage mich, wie man es als Mutter schafft, diese beiden Verluste zu überstehen und zu verarbeiten. Ich würde mich freuen, wenn Sie mit uns für einen Beitrag darüber sprechen würden, wie man so eine Zeit durchsteht und wie man danach über die Sicherheit im Straßenverkehr denkt – gerade wenn das Schicksal zweimal in schlimmster Form zugeschlagen hat. Ein Gespräch mit uns muss auch nicht heute oder morgen stattfinden, ich glaube aber, dass Menschen, die sich in ähnlichen Situationen befinden oder befunden haben, Kraft daraus schöpfen könnten und andere noch aufmerksamer im Verkehr sein könnten. Es ist auch völlig in Ordnung, wenn Sie nicht zu einem Gespräch bereit sind. Die Erfahrung als Journalist hat mir aber gezeigt, dass es vielen Menschen guttut, über so tragische Erlebnisse zu sprechen und bei anderen Menschen Bewusstsein zu schaffen. Ich freue mich über eine Rückmeldung, ob Sie mit uns darüber sprechen würden. Wie gesagt: Es muss gar nicht heute oder morgen sein. Und wenn Sie nicht dazu bereit sind, habe ich auch vollstes Verständnis und wünsche Ihnen alle Kraft dieser Erde. Viele Grüße …

Mischas letzter Wille

Mischa hatte allen seinen Freunden erzählt, dass er seinen letzten Willen niedergeschrieben hat und dass jeder von ihnen etwas erhalten wird. Mischa sollte im Oktober nach Mali zum Einsatz kommen, da ist es angebracht, einen letzten Willen zu verfassen, das bekommen die Soldaten von ihren Vorgesetzten empfohlen. Damit unterstütze man die Angehörigen. Die Soldaten sollen ebenfalls aufschreiben, wie sie bestattet werden möchten.

Mischa musste im März 2020 in Quarantäne, da er aus Frankreich nach Hause kam und die Corona-Zahlen in Frankreich sehr hoch waren. In dieser Zeit war Mischa sehr in sich gegangen. Er schrieb richtig philosophische Texte, damit erstaunte er mich sehr. Er war sehr feinfühlig und ich bemerkte das erste Mal nach langer Zeit, wie verletzt mein Sohn ist. Wir führten zu dieser Zeit auch ein langes Gespräch über das Motorradfahren und ich bat ihn, nicht mehr zu fahren, da ich sehr große Angst um ihn hatte.

Einige Wochen zuvor hatte ich mit meinen Eltern ein Gespräch, ich weinte dabei und sagte ihnen, ich wisse, dass Mischa, wenn er nicht aufhört, mit dem Motorrad zu fahren, sterben würde wie sein Bruder. Ich habe dabei sehr geweint und daraufhin beschlossen, mit Mischa darüber deutlich zu sprechen und ihn sensibel zu machen. Mischa hörte mir ruhig zu und verstand meine Angst. Er versprach mir in diesem Telefonat, vorsichtig zu sein und seine Ausrüstung noch zu erweitern, sodass nichts passieren könne. Zudem werde er meine Worte mit auf jede Fahrt nehmen. Nun war er nicht mehr bei mir.

Am nächsten Tag kam der beste Freund von Mischa mit seiner Freundin, er wollte mir helfen, den letzten Willen zu finden. Seine

Freundin ging zur Tür zum Felsen, ich rief noch, die geht nicht auf, da sah ich, sie stand schon im Berg. Erstaunt fragte ich sie: „Wie bist du denn jetzt hier hereingekommen?“ Sie schaute mich ebenfalls erstaunt an und sagte: „Ich habe die Türe aufgemacht!“ Die Tür war völlig in Ordnung. Der Freund ging hinein und rief: „Hier ist der Tresor, aber, Carola, der ist leer!“

Sein Vater legte mir am nächsten Vormittag einen selbst gefalteten Umschlag vor, er wurde aus einem Blatt aus dem Collage Block gebastelt, so wie wir das schon zu Kinderzeiten getan haben. Auf dem Blatt stand: **„Ich möchte nicht verbrannt werden, und ich möchte ganz viele Steine auf mein Grab, damit ich den/die Richtigen treffen kann! Macht eine Fete nach meiner Beerdigung!“**

Nun war uns allen klar, wie Mischa beerdigt werden möchte, und wir setzten es auch genauso um. Es nahm irgendwie den Druck von uns allen.

Der Abschied

Wir hatten einen Termin mit dem Beerdigungsinstitut ausgemacht. Unsere Freundin Paola bot an, uns zu begleiten, damit wir Unterstützung haben. So fuhren wir drei zum Bestatter. Paola legte mir ruhig und schützend die Hand auf die Schulter. Es tat mir sehr gut, ihre Nähe zu spüren, damit gab sie mir Ruhe und Kraft. Wir konnten alles mit dem Vater und dem Bestatter besprechen, was nun als Nächstes zu tun wäre. Wieder einmal musste ich einen Sarg auswählen, ich entschied mich für dasselbe Modell wie bei Sascha, sie konnte ihn bestellen. Mischa hatte sich ja in seinem Brief viele Steine gewünscht, somit erfüllte ich ihm diesen Wunsch schon durch den Sarg.

Mich interessierte nur: Wann kann ich meinen Sohn sehen? Auch hier musste Mischa erst freigegeben werden und man wisse nicht, wie er aussehen würde. Ich gab dem Bestatter zu verstehen, dass ich auf jeden Fall meinen Mischa sehen will, egal wie er aussieht. Ich möchte meinen Sohn sehen. Ich würde jetzt zur Polizei hinübergehen und mit dem Beamten sprechen. Uwe und ich gingen gemeinsam mit unserer Freundin zur Polizeistation. Paola versuchte mich zu beruhigen. Es war derselbe Beamte wie bei unserem Sascha. Er war ebenfalls fassungslos. Er sagte uns, dass Mischa nicht zu schnell gefahren sei. Ebenfalls glaubte er nicht an einen Fahrfehler, sie würden das Motorrad sowie die Unfallstelle weiter untersuchen. Ich wollte nur zu meinem Kind und bat um schnelle Ermittlungen. Er versprach mir, wenn er am nächsten Tag Mischa und das Motorrad untersucht, sich bei mir sofort zu melden und mir zu sagen, wie mein Sohn aussieht. Der Beamte rief mich tatsächlich an und teilte mir mit, dass ich auf jeden Fall Mischa sehen kann, er sehe immer noch gut aus. Also verabredete ich mit dem Beerdigungsinstitut einen Termin zum Abschied.

Uwe und ich fuhren zum Bestatter, meine Eltern hatten damals schon nach der Verabschiedung von Sascha gesagt, dass sie das nicht mehr könnten. Wir akzeptierten ihre Entscheidung und gingen alleine zu Mischa. Wir betraten den Saal und da lag mein Mischa, Uwe sagte später: „Mischa schlief so wie bei unserer gemeinsamen Zeit auf Mallorca.“ Ich streichelte seine eingefallene Brust, ich wollte, dass er wieder warm wird. Ich konnte nicht aufhören ihn zu küssen und zu streicheln. Anders als Sascha war Mischa nicht geschminkt worden. Ich konnte seine blauen Flecken im Gesicht sehen und seine anderen Verletzungen. Aber da lag mein Kind und sagte nichts mehr, ich sprach mit ihm und weinte, streichelte und streichelte ihn. Ich wollte es schaffen, dass er warm wird und wieder zurückkommt. Ich konnte und wollte nicht akzeptieren, dass Mischa von mir gegangen ist. Innerlich flehte ich ihn an aufzuwachen. Uwe streichelte mir meinen Rücken und reichte mir ein Taschentuch nach dem anderen. Mischa, wach auf, dachte ich nur. Du kannst mich nicht hier alleine lassen. Wie soll ich das schaffen?

45 Minuten lang hielt ich ein Zwiegespräch mit ihm, dann gingen Uwe und ich hinaus. Ich drehte mich noch einmal um, denn ich wusste, das war das letzte Mal, dass du deinen Sohn siehst. Es schmerzte grauenhaft, ich fühlte mich selber nicht mehr, ich war immer noch wie betäubt. Der Nebel überkam mich komplett, meine Eltern warteten draußen auf uns, sie waren so lieb und hatten uns hingefahren. Wie soll ich es schaffen, ohne euch zu leben? Meine unendliche Liebe zu euch, wo soll sie nun hin?

Hilfe der Bundeswehr

Der Soziale Dienst der Bundeswehr unterstützte mich sehr engagiert, der Regierungsamtmann stand mir bei allen Fragen zur Seite. Er fragte mich, ob ich eine Beerdigung durch die Bundeswehr möchte, er erläuterte mir, was alles dazugehören würde. Ich war überrascht, was die Bundeswehr für meinen Sohn alles machen möchte. Ich brauchte nicht lange zu überlegen und sagte dem Ablauf zu. Mischa sollte ein Ehrenbegräbnis erhalten mit allem, was mir die Bundeswehr anbot.

Er dachte, dass Mischas Vater schon verstorben sei, weil Mischa mich für den Notfall als Kontaktperson eingetragen und seinen Vater nicht erwähnt hatte. Aber nun veränderte sich für ihn die Situation, er müsse dann auch mit dem Vater sprechen. Ich gab ihm die Kontaktdaten. Er wollte alles noch mit dem Vater von Mischa besprechen und rief mich später erneut an, um mir mitzuteilen, dass die Beerdigung so ablaufen wird wie besprochen.

Einige Zeit nach der Beerdigung kam der Regierungsamtmann mich erneut zu Hause besuchen, um die bürokratischen Angelegenheiten mit mir zu klären. Es gab noch vieles zu beachten, alleine hätte ich es nicht geschafft, durch seine Unterstützung war einiges einfacher für mich. Ich wurde nicht alleingelassen von der Bundeswehr, sie sind bis heute an meiner Seite.

Mischas letzter Gang

Wir trafen uns mit der Trauerrednerin, die auch schon Sascha das letzte Geleit gegeben hatte. Wegen Corona setzten wir uns in die Einfahrt des Vaters, Corona schränkte uns in vielem ein. Ich erzählte ihr von meinem Mischa, seinen Streichen, seinem Werdegang, seiner Liebe zu mir. Bei der Erzählung ging mir das Herz auf, ich erzählte und erzählte von meinem reinen, liebevollen Sohn. Ich sagte ihr, dass Mischa der reinste Mensch war, den ich kannte. Er sprach immer alles aus, egal ob es angenehm für das Gegenüber war oder nicht. Nachdem wir ausführlich mit der Trauerrednerin gesprochen hatten, gingen Uwe und ich mit der Rednerin zu unseren Autos. Sie war immer noch fassungslos über unser Schicksal. Wir verabschiedeten uns auf dem Parkplatz von der Dame und sie versprach mir, die Trauerrede noch heute im Laufe des Abends zu schicken.

Die Mail ging gegen Abend bei mir auf dem Handy ein. Meine Eltern, eine Cousine mit ihrer Tochter sowie Uwe waren an dem Abend anwesend. Zur Vorbereitung druckte mein Daddy die Zeilen aus und ich las allen die Rede unter Tränen vor. Wir waren sehr gerührt von diesen wunderschönen Worten, die sie über meinen Mischa zusammengefasst hatte. Nun wussten wir, was uns bei der Beerdigung erwartete. Wie soll ich das überstehen? Diesmal werde ich Beruhigungsmittel nehmen. Mein Vater besorgte uns in der Apotheke homöopathische Beruhigungsmittel.

Die Lieder wurden ausgesucht. Die Motorradfahrerin, die mit Mischa an seinem letzten Tag gemeinsam unterwegs war, erzählte, dass Mischa kurz vor seinem Tod an der Tankstelle getanzt hatte, zu einem Lied, das ich in seiner Jugendzeit oft mit ihm gehört habe. Dieses Lied wurde auf die Liste gesetzt, sowie zwei andere. Heute, wenn ich dieses Lied höre, weiß ich, Mischa ist bei mir. Anfangs lief dieses Lied oft im Radio, eigentlich immer, wenn ich mit dem Auto irgendwo hinmusste. Es ist nun weniger geworden.

Die anderen zwei Lieder suchte ich aus, ich gab den Interpreten im Internet ein, denn ich wusste nicht, welches Lied ich nehmen sollte. Jedoch über drei Seiten wurde mir nur ein Titel angezeigt. Gut, dachte ich, dann möchte Mischa genau dieses Lied, und als ich es mir anhörte, verstand ich, warum er dieses Lied mir übermittelt hat: „Wie ein schützender Engel“. Dieses Lied beschrieb die Trauerrednerin sehr gut, denn der Text passte auf Mischa und Sascha, Sascha war Mischas schützender Engel in der Zeit.

Die Beerdigung

Ich hatte wahnsinnige Angst vor diesem Tag, ich fürchtete, es nicht zu schaffen. Unsere Freunde sind trotz Corona immer wieder zu uns gekommen, um uns eine Stütze zu sein. Meine Cousine kam mit ihrer Tochter angereist, um mir beizustehen. Sie buchten ein Ferienzimmer im Ort meiner Eltern. Meine Cousine ist ein wunderbarer Mensch, ich sage immer: mein Engel. Sie schaffte es, uns durch die Erzählungen über die Vermieterin ihrer Ferienwohnung zum Lachen zu bringen. Sie erfüllt den Raum durch ihre liebevolle Unkompliziertheit. Wir hatten ein schönes Abendessen und eine harmonische Zusammenkunft mit Menschen, die uns lieben. Nach und nach kamen immer mehr Freunde zu meinen Eltern, um uns zu stützen, alle wollten uns nahe sein und zeigten, dass sie für uns da sind.

Meinen Eltern wurde es irgendwann zu viel, nicht wegen der Menschen, die kannten sie alle und mochten sie ebenfalls, sondern wegen Corona. Die Angst, sich anzustecken, war hoch bei meinen Eltern. Ich konnte das sehr gut verstehen, ich hatte zwar keine Angst zu erkranken, da ich nicht mehr am Leben hing, aber meine Eltern mussten geschützt werden.

Am Tag der Beerdigung kam meine Michelle-Schwiegertochter morgens zu uns mit ihrem Freund. Sie überreichte mir ein kleines Säckchen. Ich machte es auf und war fassungslos über dieses Geschenk. Sie hatte mir einen Anhänger machen lassen mit dem Lieblingsfoto meiner Kinder. Das war eine wunderschöne Aufmerksamkeit von ihr, die mich zur Beerdigung stärken sollte, und das tat sie. Meine Eltern hatten homöopathische Beruhigungsmittel in der Apotheke besorgt, diese nahm ich in halbstündlichem Rhythmus zu mir. Unsere Freunde trafen nach und nach bei meinen Eltern ein. Wegen Corona hatten wir verabredet, dass die Trauerrede auf dem Friedhof stattfindet. Da ich keine Kräfte mehr besaß, bat ich das Beerdigungsinstitut, uns einige Stühle bereitzustellen.

Freunde hatten uns am Vortag angeboten, uns zum Friedhof zu fahren, damit wir nicht selber mit dem Auto fahren mussten. Wie lieb, wir konnten keinen klaren Gedanken fassen, aber unsere Freunde übernahmen das in dieser Zeit für uns. Wir waren dankbar für diese Unterstützung und Liebe. Als wir am Friedhof ankamen, war die Bundeswehr schon vor Ort. Sie hatten auf Mischas Sarg die Deutschlandflagge gelegt und ein Bundeswehrschutzhelm lag ebenfalls auf dem Sarg. Vor dem Grab waren drei Bilder von Mischa aufgestellt, die ihn als Soldaten zeigten. Überall lagen Kränze und Gestecke sowie Kerzen. Ich hatte mich, wie bei Sascha, für ein Blumenherz aus Margeriten entschieden, dieses stand rechts vor dem Grab, wie damals bei Sascha.

Wir setzten uns auf die Stühle, die vor dem Grab bereitgestellt waren. Ich fiel in mich zusammen, als ich den Stuhl erreichte. Uwe stand hinter mir, hielt mir die Schultern und versuchte mir Kraft von hinten zu geben. Ich versuchte meinen Blick zu fixieren, ich schaute mit starrem Blick auf den Helm. Die Beruhigungstabletten wirkten recht gut, ich kam mir vor wie in Watte gepackt. Dann kam der Vater mit seiner Familie, ich wurde keines Blickes gewürdigt, niemand sprach mit mir. Sie gingen alle ohne Worte und Blicke an mir vorbei. Warum verhielten sie sich komplett anders als bei Saschas Beerdigung? Da waren mir alle nahe und sprachen mit mir. Was hatte ich ihnen getan? Ich sollte durch Mischa (Botschaft) bald erfahren, woran es lag. Mir stockte der Atem, innerlich zitterte ich wie verrückt. Die Sonne prallte auf uns nieder, da sah ich auf einmal zwei wunderschöne Schmetterlinge, die über dem Sarg miteinander tanzten. Waren meine Jungs hier?

Die Trauerrede wurde gehalten und die Musik setzte ein, ich konnte hören, wie die Menschen weinten und schluchzten. Ich versuchte, stark zu sein, was mir aber leider nicht wirklich gelang, auch ich weinte vor mich hin. Der beschützende Engel schlug bei allen ein, jeder wusste, was gemeint war. Dann setzte die Bundeswehrtrompete mit dem Abschiedslied für meinen Mischa ein, es war so ergreifend. Uwe hielt tapfer meine Schultern fest. Auf einmal merkte ich, wie der Griff lockerer wurde und meine Schultern langsam verließen. Dann hörte ich meine Cousine; sie hielt Uwe fest, ihn hatten wohl die Kräfte verlassen. Unsere Freunde standen fast alle hinter uns und bemühten sich um Uwe, der sich schnell wieder erholte, das merkte ich, als seine Hände wieder auf meinen Schultern lagen. Ich hatte einige Tage vorher einen Brief an Mischa geschrieben, den ich krampfhaft in der Hand hielt, er war schon nass von meinen Tränen und dem Schweiß an meinen Händen. Ich schrieb ihm, wie schön die Zeit mit ihm war und was er alles an Streichen mit mir gemacht hat. Wie ich ihn gesehen habe und wie dankbar ich ihm bin für diese wunderbare Zeit.

Nun war es Zeit, Abschied zu nehmen. Ich stand auf und ging an den Sarg, kniete mich nieder, ließ den Brief ins Grab hinabgleiten und schmiss einen Handkuss in das Grab. Meine Beine wollten nicht mehr und Uwe musste mir aufhelfen. Er brachte mich zurück auf meinen Stuhl, danach nahm der Vater Abschied und anschließend seine und meine Familie.

Uwe brachte mich mit meiner Cousine zusammen vom Friedhof, sie mussten mich stützen, denn die Kraft meiner Beine war nicht mehr vorhanden. Ich nahm schemenhaft wahr, wie viele Menschen von Mischa Abschied nehmen wollten. Es waren noch mehr als bei Sascha, all seine und meine Freunde waren erschienen. Ich wurde auf den Parkplatz oberhalb des Friedhofes gebracht und dort auf die Mauer gesetzt. Ich starrte nur vor mich hin, Uwe machte mir eine Zigarette an und sagte: „Bleib hier sitzen, unser Freund holt das Auto." Ich setzte mich auf die Mauer, im Minutentakt kamen unsere Freunde zu mir, jeder wollte mich in den Arm nehmen. Ich ließ es zu, dann auf einmal wurde mir das alles zu viel. Ich wollte nur noch weg, schnell weg. Jeder einzelne Muskel und Knochen in mir schmerzte und ich hatte das Gefühl, gleich zu zerbrechen. Mein Herz war schon zerbrochen, gerne konnte nun alles Weitere folgen, dachte ich. Dann sah ich eine Freundin, sie kam gerade vom Friedhof in meine Richtung, ich lief auf sie zu und trotz Corona fiel ich ihr weinend in die Arme und sie hielt mich fest.

Endlich saß ich im Auto, wir fuhren zurück zu meinen Eltern. Mein Leben war in tausend Teile zersprungen. Warum konnte nicht ich gehen und meine Jungs weiterleben? Fragen über Fragen kamen in meinen Kopf.

Wegen Corona hatten meine Eltern große Angst. Sie wollten nicht, dass unsere Freunde mit ins Haus kamen. Ich konnte das gut verstehen, war doch die Gefahr für sie viel zu groß, an diesem Virus zu erkranken. Wir hatten in der Zeit vor der Beerdigung sehr viele Kontakte, da alle unsere Freunde bei uns sein wollten, um uns eine Stütze zu sein. So entschieden Uwe und ich, am nächsten Tag wieder nach Hause zu fahren und uns dort mit unseren Freunden zu treffen, da die Zahlen momentan sehr niedrig waren.

Die Zeit danach

Es waren noch einige Dinge zu erledigen. Ich musste die Unfallversicherung informieren sowie alles mit der Bank regeln. Wir hatten das Glück, dass Mischa alle Versicherungen bei unserem Versicherungsvertreter über mich abgeschlossen hatte. Er hatte mir damals eine Vollmacht gegeben, da er ja während der Woche immer in Frankreich war. So konnte mir unser guter Bekannter tatkräftig unter die Arme greifen. Ich stellte ihm eine Vollmacht aus und er regelte alles, was zu regeln war. Ich war dadurch aus der Schusslinie. Anders gestaltete es sich mit der Abwicklung von Mischas Konto bei der Bank. Die Bank sperrte auf meinen Wunsch und nach der Mitteilung über den Weggang sofort Mischas Konto. Danach erhielt ich immer nur stückchenweise Informationen und ständig kam etwas Neues dazu, bis hin zum Erbschein, den sie haben wollten. Jede Hürde, die sie mir in den Weg stellten, war eine Herausforderung und Ablenkung für mich.

Im August fuhren meine Eltern, Uwe und ich mit unseren Gespannen an die Ahr. Wir hatten schon vor Monaten den Campingplatz reserviert, also dachten wir, wir verbringen ein paar Tage dort. Es war schrecklich heiß und wir alle hatten keine Kraft mehr, sodass uns alles doppelt und dreifach schwerfiel. Mein Geburtstag stand vor der Tür und es war mir auch nicht im Ansatz danach, zu feiern. Ich bat alle, mir nicht zu gratulieren, da es für mich nun kein schöner Tag sei. Der Morgen meines Geburtstags war da, ich stand früh auf und setzte mich mit meiner Tasse Kaffee und meinem Handy ins Vorzelt. Plötzlich ging der Signalton meines Handys, ich dachte, Mischa schreibt mir zum Geburtstag. Natürlich verwarf ich sofort den Gedanken wieder, da er ja nicht mehr bei mir war. Ich schaute auf mein Handy und ich sah Mischas Namen. Es war eine Nachricht von Mischas Profil, er hatte mich als Nachlassverwalter eingetragen. Ich bedankte mich bei meinem Sohn, da es für mich wie eine Nachricht zum Geburtstag von ihm war. Meine Tränen konnte ich nicht mehr aufhalten, für mich hatte Mischa eine Form gefunden, mir doch einen Gruß zum Geburtstag zu übermitteln.

Michelle und ihr Freund kamen mit einer Torte auf den Campingplatz, sie wollten etwas Zeit an diesem schweren Tag mit uns verbringen. Dabei fragte sie mich, ob ich das Bild und die Umschläge von der Bundeswehr erhalten hätte. Nein, erklärte ich ihr, wir sind ja sofort vom Friedhof weggefahren, sie werden mir bestimmt noch alles übergeben. Sie berichtete mir noch einige andere Dinge, die nach der Beerdigung abgelaufen sind, und gab mir die ungefähre Anzahl der trauernden Menschen auf dem Friedhof mit ca. 300 an, alleine von der Bundeswehr waren etwa 60 Kameraden von Mischa da. Wir beendeten den Urlaub früher, da die Hitze für uns alle nicht erträglich war. An manchen Tagen hatte es 39 Grad und wir mussten Schatten suchen. Wir hatten alle keine Kraft mehr für so eine Hitze. Der Regierungsamtmann kam erneut zu mir nach Hause, es waren noch einige Dinge zu regeln. Dabei sprach ich die Bilder an. Er meinte: „Ich veranlasse, dass Sie ein neues von der Bundeswehr bekommen." Er werde dem Hauptmann von Mischa schreiben und dieser werde sich bei mir melden. Ich erhielt am Heiligen Abend das Soldatenbild meines Mischa und das Kondolenzschreiben sowie den Tagesbefehl seiner Brigade.

Beginn der Psychotherapie mit Herrn Salzmann

Ungefähr eine Woche nach Mischas Beerdigung fand ich in den sozialen Medien eine Gruppe verwaister Eltern, ich schrieb dort von meinem Verlust und meiner Trauer. Ich sah keinen Sinn mehr, mein Leben fortzusetzen, die Gruppe verstand mich und viele liebe Menschen schrieben mir unter meinen Beitrag. Unter anderem auch eine Frau, die ich vor Jahren einmal gesehen hatte. Sie bot mir an, bei ihrem Therapeuten nach einem Termin für mich zu fragen. Wir tauschten erneut die Handynummern aus, sie wollte sich dann bei mir melden. Ich war zuerst nicht begeistert von dieser Idee, dachte aber, dass es auch nichts schaden könnte. Ich war hin- und hergerissen, da ich mich an die Reha sowie an die Therapeutin hier zu Hause erinnerte, die mich in der Trauer um Sascha weggeschickt hatte mit den Worten, sie könne mir nicht helfen. Wie sollte er mir nun helfen? Ich war gefühllos geworden, ich konnte nicht weinen, ich war regungslos. Auto fahren konnte ich auch nicht mehr, da ich keinerlei Konzentration mehr hatte. Ich starrte immer nur vor mich hin, oder in die Wolken. Reden wollte ich auch nicht, also was oder wie sollte er mir helfen können?

Diese Frau schickte mir einen Termin zu, den sie für mich ausgemacht hatte, und schrieb mir dazu, dass dieser Therapeut sehr einfühlsam sei und ich es bitte versuchen solle. Nach drei Tagen Bedenkzeit rief ich in der Praxis an und bestätigte den Termin. Uwe war – genau wie ich – krankgeschrieben, somit war er zu Hause und konnte mich zur Praxis fahren. Er wartete geduldig auf dem Parkplatz auf mich. Uwe übernahm erneut alles für mich.

Die Chemie zwischen dem Therapeuten und mir stimmte sofort für mich und er machte mir klar, dass ich ein Recht hätte, verletzt zu sein, und dass ich weinen dürfe, wann immer mir danach ist. Dieser eine Satz veränderte mein Denken. Ich war verletzt, JA, schwer verletzt. Ich bin nicht mehr die starke, organisierte Carola, ich bin verletzt. Und die Kraft, die ich noch habe, brauche ich für den täglichen Überlebenskampf.

Der Therapeut erklärte mir in einer Sitzung, dass ich mir vorstellen solle, ich liege auf der Intensivstation mit 50 Schläuchen im Körper, wodurch die lebenserhaltenden Organe versorgt werden. Ich könne nicht einfach mal für ein paar Stunden die Schläuche abmachen, um arbeiten zu gehen. Er machte mir klar, dass ich ein Recht auf meinen Überlebenskampf habe und dass nur der heutige Tag zählt. Dies sage ich mir heute noch: „Carola, denke an das heutige Überleben. Was morgen kommt, weißt du noch nicht."

In einer Sitzung fragte mich der Therapeut, was ich den ganzen Tag mache, ob ich mich anderen Interessen zuwenden kann. Ich berichtete ihm, dass ich momentan die Wohnung ausräume, ich habe unsere Schränke auf links gedreht und allen Ballast entsorgt. Darin ging ich auf. Alle bunten Kleidungsstücke wurden entsorgt, ich besitze nur noch schwarze Kleidung. Mit jedem Stück, das ich entsorgte, fühlte ich mich freier, ich entsorgte alle Weihnachtsartikel, denn Weihnachten wird es für uns nie wieder geben. Meine Kinder liebten Fondue und Raclette, es ist nicht mehr vorstellbar, dass ich jemals wieder Fondue oder Raclette essen werde. Also kam es in den Karton für unsere Teilnehmer in der Bildungsgesellschaft, denn wegwerfen kann ich nichts, das noch gut ist. Ausmisten war gerade meine große Leidenschaft. Es befreite mich auf eine merkwürdige Art und Weise.

Er machte mir dann den Vorschlag, ein Buch zu schreiben. Ich begann ein Buch über mein Leben zu schreiben, jedoch fiel mir dabei auf, dass mich das stark hinunterzog, das Schreiben über meine Kindheit, meine Scheidungen usw. Deshalb beendete ich es, jedoch ging mir das Schreiben eines Buches nicht mehr aus dem Kopf. Würde ich das schaffen, ich, die kleine, dumme Carola? Im März 2021 dann begann ich dieses Buch zu schreiben, in der Hoffnung, die Erlebnisse besser zu verarbeiten.

Die Botschaft von Mischa

Eines Morgens wachte ich auf, und in meinen Kopf wurde mir eingegeben: **„Der Brief, Mama!“** Ich stand auf, machte mir einen Kaffee und überlegte: Was soll das denn heißen? Was für ein Brief? Ich hatte keine Ahnung, was man mir da in den Kopf gesetzt hatte. Was für ein Brief? Ich überlegte und überlegte: Was kann damit gemeint sein? Der Brief, den ich Mischa zur Beerdigung geschrieben habe? Nein. Dann fiel mir ein: Vielleicht meint Mischa den Brief von 2010. An diesen Brief habe ich nie wieder gedacht. Hatte Mischa den Brief doch nicht weggeworfen?

Es war vor elf Jahren, da schrieb ich einen Brief an seinen Vater, mehrere Seiten lang. Darin erzählte ich ihm, wie ich die Zeit mit ihm empfunden hatte. Aber auch, dass ich auch nicht fehlerfrei war in der Zeit unseres Zusammenseins. Kurzum, ich schrieb mir damals alles von der Seele. Danach bat ich Mischa, der zu dieser Zeit noch mit mir zusammenwohnte, irgendwann seinem Vater diesen Brief zu geben. Mischa entgegnete mir: „Mama, das mache ich nicht.“ Sofort antwortete ich ihm: „Nein, natürlich nicht, du hast damit nichts zu tun. Entschuldige bitte, dass ich so unüberlegt das von dir verlangt habe.“ Ich bat ihn, den Brief wegzuschmeißen, er willigte ein. Sollte es um diesen Brief gehen?

Aber ich wurde durch diese Botschaft ruhiger, da sich nun für mich vieles erklärte. Nun hatte ich meine Erklärung zu den Geschehnissen der letzten Wochen. Ich war unendlich dankbar für diese Botschaft!

Major

Die Bundeswehr hat mich in der Zeit sehr unterstützt, in jeder Lage konnte ich auf sie zählen. Besonders Mischas damaliger Hauptmann – heutiger Major – und seine Kameraden waren für mich da. Der Hauptmann kam nach der Beerdigung zu meinen Eltern, um persönlich mit mir bzw. uns zu sprechen, da ich nach der Beerdigung so schnell weg war. Er brachte mir die persönlichen Sachen meines Kindes, Mischa hatte sie im Spind in der Kaserne. Ich machte den Karton auf, und als Erstes sah ich Mischas Lieblingspullover. Ich freute mich sehr darüber, ich roch an ihm und roch meinen Sohn, die Tränen liefen mir die Wangen herunter.

Es tat mir sehr gut, dass der Hauptmann da war, ich konnte mit ihm über die große Leidenschaft meines Sohnes, die Bundeswehr, frei sprechen. Er berichtete, dass er die Kameraden selber über den Weggang von Mischa unterrichtet hatte (der Tagesbefehl) und wie betroffen die Kameraden alle waren. Er fragte die Kameraden, wer gerne mit zur Beerdigung möchte, und er war selber erstaunt, dass alle Kameraden mitwollten. Er musste dann einige verpflichten, in der Kaserne in Frankreich zu bleiben, da sonst niemand mehr dort gewesen wäre.

Die Kameraden gaben an, dass Mischa ein guter Soldat war und sehr kameradschaftlich, er hat immer nach allen geschaut. Die Anteilnahme an seinem Tod war sehr hoch. Die Bundeswehr war wohl mit mehr als 60 Soldaten anwesend bei der Beerdigung. Weiter erzählte mir der Hauptmann, dass sie Mischa immer noch bei den Appellen ehren würden, er versprach mir, dass Mischa nie vergessen wird – weder von seinen Kameraden noch von ihm. Wir sprachen über den anstehenden Einsatz in Mali und die Vorbereitung dazu. Auch darüber, dass er den Soldaten empfehle, ein Testament zu schreiben. Sie sollten sich damit auseinandersetzen. Zum Abschied versprach er mir, mit mir in Kontakt zu bleiben, denn er möchte auch über den Tod hinaus für seine Soldaten da sein.

Der Kontakt zu ihm blieb bestehen, er ruft mich zwischendurch an oder wir schreiben uns Nachrichten. Mittlerweile ist aus dem Hauptmann ein Major geworden. Er überraschte mich mit einem Anruf Ende des Jahres. Er teilte mir mit, dass die Kameraden und er für mich gesammelt hätten und sie mir die Summe gerne zukommen lassen möchten. Ich war überrascht, denn viele der Kameraden von Mischa hatten schon gespendet. Für mich stand sofort fest, dass ich das Geld nicht wollte, es sollte gespendet werden für eine gute Sache. Der Herr Major bot mir an, eine Nacht darüber zu schlafen und ihm dann mitzuteilen, was mit dem Geld geschehen soll. Ich unterhielt mich mit Uwe darüber und auch für ihn war klar, dass das Geld für eine gute Organisation gespendet wird. Aber für welche? Bei einem Spaziergang in meinem Feld fragte ich meinen Mischa, wo das Geld hingehen soll. Ich bekam den Gedanken: für Ärzte ohne Grenzen. Das fand ich gut, diese Organisation finde ich sehr gut. Ich ziehe den Hut vor den Ärzten, die in ihrer Freizeit anderen Menschen helfen. Am nächsten Tag telefonierte ich erneut mit dem Major und teilte ihm meine Entscheidung mit. Beiläufig erwähnte er, dass er auf einem Treffen mit anderen Bundeswehrsoldaten jemanden getroffen hatte, der ihm von der hauseigenen Hilfsorganisation erzählte. In diesem Moment sei Mischa in seinem Kopf gewesen und er habe das Gefühl gehabt, dass diese Kinderorganisation der Bundeswehr für Mischa etwas wäre. Mischa war in dem Moment in seinem Kopf? „Wow, ja“, sagte ich, „dann möchte mein Sohn diese Organisation lieber.“ Mischa war mit Leib und Seele bei der Bundeswehr, nicht alles gefiel ihm immer, aber er war Soldat. Natürlich war das die richtige Organisation für das Geld.

Der Herr Major bat mich, ihm ein privates Bild von Mischa und mir zu schicken, er werde einen großen Scheck anfertigen lassen für eine offizielle Übergabe, und diese Übergabe werde dann auch veröffentlicht. Ich war gerührt: Meinem Mischa wird erneut eine Ehrung zuteil. Ich entschied mich jedoch, nicht mit auf dem Bild zu sein, denn – so erklärte ich es dem Major auch – die Ehrung soll nur für Mischa sein, da habe ich nichts verloren. Einige Monate später schickte er mir den Entwurf des Schecks zu und ich war völlig erstaunt über die Summe, die auf diesem Scheck stand. Die öffentliche Übergabe fand am 30. Juni 2021 statt. Er schickte mir ein Video und Bild zu mit all den Kameraden von Mischa. Sehr gefühlvolle Worte sprach er über meinen Sohn. Danke.

Foto: Daniel Krohn

Abdruck mit freundlicher Genehmigung von Major Pascal Hege

Der Grabstein

Nach der Erfahrung mit dem Steinmetz aus der Eifel überlegte ich, ob wir nicht einen Steinmetz hier bei uns beauftragen könnten. Würde ein Steinmetz bis in die Eifel fahren? Das konnte ich nur durch Nachfrage erfahren. Uwe fuhr mich zu unserem ortsansässigen Steinmetz, dieser hatte schon den Grabstein seiner Eltern angefertigt und Uwe war sehr zufrieden damit gewesen.

Ein sehr besonnener Mensch in meinem Alter, empathisch – alles passte für mich. Als er dann noch die Frage, ob er auch bis in die Eifel fahren würde, bejahte, war für mich klar: Hier bin ich gut aufgehoben. Ich zeigte ihm ein Bild mit dem Grab meines Sascha und bat um einen ähnlichen Stein. Er zeigte mir seine Arbeiten und dass es überhaupt kein Problem sei, alles nach meinen Wünschen anzufertigen. Alles passte für uns, die Empathie sowie die wundervollen Arbeiten, die er uns zeigte. Auch Mischas Vater stimmte allem zu.

Der Tag der Aufstellung des Steins kam. Der Steinmetz sagte mir vor dem Setzen, dass er das Bild von Mischa aus Versehen in bunt bestellt hatte, aber als ihm das aufgefallen sei, habe er direkt ein schwarz-weißes nachgeordert. Er würde mir das bunte Bild von Mischa gerne schenken. Wir verabredeten, dass er das bunte Bild hinter den Grabstein legt, damit ich es erhalten kann. Das war so lieb von ihm, er war wirklich sehr bemüht, er brachte sogar noch den fehlenden Rahmen um Saschas Bild an, was der Steinmetz in der Eifel nach zwei Jahren nicht geschafft hatte. Ich rief meine Eltern an und bat sie, zum Friedhof zu fahren, um das bunte Bild hinter dem Grabstein an sich zu nehmen. Dies taten meine Eltern und schrieben mir noch vom Friedhof, dass es ihnen leidtue, aber es sei kein Bild da, ebenso fehlten beim Grab das Holzkreuz sowie das Emblem des Steinmetzes. Ich war fassungslos. Wer hatte die Sachen weggenommen und entfernt? Schändlich!!

Der Grabstein war nun aufgestellt und Uwe und ich fuhren zum Friedhof, um das Grab fertig zu machen. Wir legten es so an wie bei Sascha, viele Steine und nur einen Streifen mit Erde. An einem Tag im Oktober fuhren wir wieder zu den Gräbern und ich war fassungslos, als ich davorstand. Die Zitronenmelisse auf dem Grab von Sascha war ausgerissen und nun stand dort eine hässliche Schale mit Erika. Ich hatte diese Zitronenmelisse auf Saschas Grab gepflanzt, da es eine wunderschöne Erinnerung zwischen Sascha und mir war. Sascha war 16 Jahre alt und machte eine Ausbildung zum Gärtner, im Garten seines Ausbilders lernte er die Zitronenmelisse kennen. Er brachte einen Ableger mit nach Hause. Nach einiger Zeit hatte er das ganze Kinderzimmer voll von Zitronenmelisse. Es roch wunderbar frisch in seinem Zimmer und er war sichtlich stolz, aus einem Ableger so viele neue Pflanzen gezogen zu haben. Ich fragte ihn: „Schatz, was machst du mit der ganzen Zitronenmelisse?" „Ach Mama, da kann man super leckeren Tee draus machen" – kurze Pause – „oder rauchen!" Wir lachten, hauptsächlich lachten wir über mein verwundertes Gesicht.

Nun hatte sie jemand einfach entsorgt. Ich beschloss, ihm im nächsten Jahr neue Zitronenmelisse zu setzen. Ich sagte einmal zu Uwe, wenn ich wüsste, ich bekomme meine Kinder zurück, würde ich in vorderster Front bis zum Tod kämpfen gegen alle Ungerechtigkeit und Schändlichkeit.

Erbschein / Bank

Kurz nach Mischas Weggang hatte ich sein Konto sperren lassen. Da ich die Bankangelegenheit an mich genommen hatte, musste ich diese nun auch zu Ende führen. Die Bank machte es mir nicht leicht, es verlief komplett anders als bei Sascha. Mischa hatte eine hohe Kreditsumme bei ihnen aufgenommen, zum Glück hatte mein Sohn diesen Kredit auf seinen Tod hin abgesichert, das hatte Sascha damals auch und er hatte es übernommen.

Nun teilte mir die Bank mit, dass sie Mischas Konto erst abschließen kann, wenn ich einen Erbschein vorlege. Nach Absprache mit seinem Vater fuhr ich 100 Kilometer, um beim Amtsgericht den Erbschein zu beantragen. Es war schrecklich für mich, denn ich wurde auf einmal nach Werten gefragt, ich konnte nicht antworten, ich weinte und weinte. Uwe durfte auf Grund der Corona-Schutzmaßnahmen nur draußen auf mich warten, ich fühlte mich so ausgeliefert. Ich gab mir Mühe, alle Fragen ordnungsgemäß zu beantworten. Dann machte mir der Beamte auch noch Angst, weil er fragte, ob der Vater auch wirklich damit einverstanden sei. Denn ansonsten würde ich strafrechtlich verfolgt werden. Ich bat ihn, den Vater einfach ebenfalls zu fragen, aber er sagte mir nur trocken, das sei nicht seine Aufgabe. Ich verließ das Amtsgericht mit mächtiger Angst.

Sie gaben mir zwei Formulare mit, auf denen ich Mischas Hab und Gut aufschreiben sollte, damit sie die Gebühren für den Erbschein berechnen konnten. Ich gab mein Bestes. Bank, Unfallversicherung und das Motorrad, das in seiner Werkstatt stand, alles gab ich an und schickte es zurück an das Amtsgericht, in der Hoffnung, nichts falsch gemacht zu haben. Wochen später erhielt ich den Erbschein und die passende Kostennote.

Nun konnte ich der Bank den Erbschein zusenden und hoffte auf baldige Erledigung. Doch weit gefehlt. Der Bank fiel immer wieder etwas Neues ein. Nun sollten wir beide – Mischas Vater und ich – eine Erklärung abgeben. Wir unterschrieben beide diese Erklärung und ich schickte sie augenblicklich an die Bank in der Hoffnung, nun wäre alles geregelt. Aber die Bank erklärte mir, wir müssten uns legitimieren, dass die Unterschrift auf der Erklärung auch die originale Unterschrift sei.

Ich war nicht mehr gewillt, auch nur noch einen Handschlag zu machen. Ich teilte der Bank mit, dass ich ihnen meine Legitimierung durch meine Bank zusenden würde, aber sie sich selber um den Vater kümmern sollten. Mir war es nun auch völlig egal, wann der Abschluss stattfinden kann, mir war Geld sowieso egal geworden. Die Dame am anderen Ende hatte ein Einsehen und teilte mir mit, dass sie den Vater anschreiben werde. Ich war ihr sehr dankbar. Wochen später konnte Mischas Konto abgeschlossen werden.

Unterstützung unserer Freunde und Motorradfahrer

Eine Woche nach Mischas Weggang kamen unsere Freunde trotz Corona zu uns, die Zahlen im Sommer waren leicht gesunken und es gab keine Schutzmaßnahmen – außer Maske – einzuhalten. Es war immer jemand unserer Freunde bei uns, um uns beizustehen. An diesem Nachmittag kamen mehrere. Eine Freundin übergab mir einen Umschlag. Teilnahmslos öffnete ich ihn und es traf mich wie ein Hammer. Es war jede Menge Geld darin. „Wofür?“, fragte ich. Sie erklärte mir, das seien alles Spenden für mich und Uwe von unseren Freunden und von Mischas Freunden, hauptsächlich von den Motorradfahrern. Mischa war in den sozialen Netzwerken in einigen Motorradgruppen und ein beliebter Mitfahrer. Diese Menschen seien sehr bestürzt über den Tod von Mischa und da ich erst drei Jahre zuvor meinen ältesten Sohn Sascha zu Grabe tragen musste, wollten sie mich unterstützen.

Ich fühlte mich unwohl dabei, ich wollte kein Geld. Die Freundin merkte das und sagte: „Carola, du kannst damit machen, was du möchtest. Vielleicht fahrt ihr zum Wellnessen oder ihr kauft euch guten Wein. Alles, was du für richtig hältst.“ Ich war völlig überfordert mit dieser Situation, legte das Geld auf die Seite und schrieb Mischa auf den Umschlag. Ich wollte davon nichts für mich nutzen. Im Nachhinein sehe ich, dass mich dieses Geld beschützt hat. Denn ich habe davon Mischas Grabstein bezahlt und brauchte mich nicht wegen der Hälfte mit jemandem in Verbindung zu setzen. Auch hier kann ich nur tiefe Dankbarkeit empfinden.

Ohne die zahlreichen Unterstützungen unserer Freunde hätten Uwe und ich so manche Situation nicht meistern können. Oft denke ich darüber nach, wie ich mich als Freund in dieser Situation verhalten hätte. Nicht jeder kann mit Trauer umgehen und Uwe und ich sind sehr hart getroffen worden. Aber keiner unserer Freunde hat sich abgewandt oder uns enttäuscht. Es gab immer mal zwischendurch eine Zeit, in der sich keiner meldete, aber es war oder ist auch Corona geschuldet. Ich bin niemandem böse, wenn er sich mal nicht meldet. Denn jeder von unseren Freunden hat auch ein eigenes Leben, das vielleicht auch gerade durch Corona nicht so gut läuft.

Zufall oder Schicksal?

Bis März 2020 ging ich jeden Freitag einkaufen, das fand immer zur selben Zeit statt, bis Corona kam. Ich brauchte nach Saschas Weggang Sicherheit. So wie an diesem Freitag. Ich sah eine Dame bei der Leergutrückgabe stehen, sie kam mir bekannt vor. Da ich auch das Leergut abgeben musste, ging ich auf sie zu. Ja, ist es die Möglichkeit, dachte ich, das ist die Mutter deiner Jugendfreundin, die habe ich lange nicht mehr gesehen. Ich begrüßte sie liebevoll und sie erkannte mich ebenfalls sofort. Sie sah traurig aus und ich fragte sie, ob alles in Ordnung sei. Nein, erwiderte sie, sie habe vor einigen Monaten ihr Enkelkind Kai verloren. Nein, dachte ich, meine Jugendfreundin hat ihren Sohn ebenfalls verloren? Wir unterhielten uns und ich erzählte ihr, dass mein Sohn auch letztes Jahr verstorben ist. Wir standen am Automaten und weinten gemeinsam.

Ich gab ihr meine Visitenkarte, da ich nichts anderes zur Hand hatte, und bat sie, ihrer Tochter diese zu geben. Sie meldete sich am nächsten Tag und wir verabredeten ein Treffen. Sie berichtete, dass ihre Mutter 20 Minuten vor dem Automaten gestanden habe, da niemand vom Personal kam, um den Sack zu wechseln. Sollte es so sein, dass wir aufeinandertreffen sollten?

Heute sind meine Jugendfreundin und ich wieder vereint in unserer Trauer um unsere Kinder. Es tut uns beiden immer wieder gut, miteinander zu sprechen, da wir uns verstehen in unserer Trauer. Wir haben beide lebenslänglich bekommen vom Leben, lebenslänglich trauern um unsere wunderbaren Söhne.

Besuch bei der Schamanin

Meine Freundin Elke, mit der ich über alle überirdischen Themen sprechen kann, machte sich einen Termin bei einer Schamanin. Ich bot ihr an, sie zu fahren, denn wir wussten nicht, ob sie das nach einer schamanischen Reinigung selber tun konnte. Bei mir hatte sich die Angst vor dem Autofahren nach einigen Monaten gelegt und ich fuhr wieder sehr gerne Auto.

Bei der Schamanin saß ich still daneben und beobachtete alles genau. Es war ein sehr angenehmer Aufenthalt dort und Elke fühlte sich gut aufgehoben. Ich hatte noch nie eine Reinigung miterlebt, es war wie in einer anderen Welt oder Zeit. Mich umgaben Stille und wohltuende Gelassenheit. Jedoch war es wie ein Schauspiel für mich, wie die Schamanin mit verschiedenen Gegenständen über den Körper meiner Freundin ging. Ich wusste nicht, soll ich lachen oder nur still staunen über das Fremde. Ich entschied mich für still staunen. Es war fantastisch, später von Elke zu erfahren, wie es für sie war. Sie sah verschiedene leuchtende Farben. Hatte sie ihre Seele gesehen? Sie fühlte sich ruhiger und gelassener. Es war ein Erfolg für sie.

Elke schrieb noch einige Male mit der Schamanin und berichtete mir davon. Der Schamanin ist aufgefallen, wie ruhig und zurückhaltend ich bei dem Treffen gewesen war. Elke sagte ihr nur, dass das Schicksal mich schlimm getroffen habe und sie den Termin für mich sofort abgegeben hätte, wenn sie etwas gesagt hätte. Die Schamanin sagte ihr dann, dass sie gesehen hat, was mit mir ist, und dass ich, wenn ich möchte, sie auch aufsuchen dürfe. Sie solle ihr meine Geburtsdaten übermitteln, was meine Freundin auch tat. Dann erhielt sie eine lange Nachricht von der Schamanin, die anhand meines Geburtsdatums herausgefunden hatte, dass ich hier auf Erden meine Meisterprüfung ablegen würde und dass das, was passiert ist, dazugehöre. Dieser Satz *Es ist ihre Meisterprüfung* geht mir nicht mehr aus dem Kopf.

Auf dem Rückweg muss ich eine Ausfahrt nicht richtig genommen haben, denn auf einmal fuhren wir an Königswinter vorbei, dort, wo ich schöne Zeiten mit meinen Kindern erlebt habe. Wir haben oft über Niederdollendorf gesprochen und die Kinder sind mit ihren Autos oft noch dort hingefahren. Nun fuhr ich an all den wunderschönen Erinnerungen vorbei. Ich fühlte die Anwesenheit meiner Jungs deutlich, es war fantastisch für mich. Sollte doch der Weg ein ganz anderer sein, führte er mich nach Königswinter.

Mischas Wohnung

20. März 2021

Mischas Onkel (dem die Wohnung meines Sohnes gehörte) wollte, dass wir die Wohnung räumen. Ich vereinbarte einen Termin für Januar 2021. Doch wegen steigender Coronazahlen wurden die Schutzmaßnahmen verschärft und ich musste den Termin absagen. Jedoch würde ich mich melden, sobald es wieder möglich ist. Im Februar rief ich einen Freund meiner Kinder an und fragte ihn, ob er Mischas Sofa übernehmen möchte. Er sagte mir, dass es für ihn eine Ehre wäre, Mischas Sofa zu haben. Somit beschloss ich, den Vater anzuschreiben, ob es möglich sei, dass der Freund die Couch abholt. Tage später informierte mich der Freund, dass er die Couch nun in seiner Wohnung stehen habe. In der Wohnung sei noch alles vorhanden. Mir fiel ein Stein vom Herzen.

Erst Anfang März war eine Räumung der Wohnung dann möglich, weil die Coronazahlen etwas heruntergingen und meine Freunde zum Teil schon geimpft waren oder die Erkrankung bereits durchgemacht hatten. Ich machte mit ihnen einen Termin aus und teilte ihn dem Vater mit. Genauso wie Uwe hatte ich große Sorge vor diesem Tag. Was wird geschehen? In der Nacht zuvor betete, nein, flehte ich meine Kinder an, sie möchten bitte dafür sorgen, dass wir ohne Störungen die Wohnung räumen können. Wir fuhren mit zwei Anhängern und unserem Wohnmobil zur Wohnung von Mischa, ich hatte seinen Wohnungsschlüssel. Mir war unendlich schlecht, nicht nur wegen der äußeren Umstände, sondern weil ich die Wohnung meines Kindes betreten musste, ohne dass es im Raum ist. Ich wusste nicht, was mit mir geschehen wird. Alle Augen waren auf mich gerichtet, meine Freunde wussten mir zu helfen.

Uwe war genauso kreideweiß wie ich, fast regungslos. Er schien zu zerbrechen. Die Schlüssel passten noch und wir standen in Mischas Wohnzimmer. Ich hatte das Gefühl, keine Luft mehr zu bekommen, die Tränen schossen mir aus den Augen, die Beine gingen unter mir weg. Wie sollte ich das schaffen, die Wohnung leer zu bekommen? Wo sollten alle Sachen von Mischa danach bei uns hin? Egal, ich roch meinen Mischa, ich sah ihn durch seine Wohnung laufen, es war so schmerzvoll und leer.

Nach einigen Minuten fing ich mich und sagte zu Uwe und meinen Freunden: „Alles wird mitgenommen." Ich hatte das Gefühl, zu zerbrechen, also ging ich in Mischas Badezimmer, dort konnte mich keiner sehen und ich war alleine. Ich ließ mir Zeit, Mischas Badezimmersachen in Ruhe einzupacken. Meine Freundin Elke stand in der Küche und packte Kisten zusammen, die Männer sah ich irgendwann nur noch rauf- und runterlaufen. Die Wohnung leerte sich, jeder Handgriff meiner Freunde und von Uwe saß. Es war kaum zu glauben, aber wir waren nach eineinhalb Stunden komplett fertig mit allem, die Wohnung war leer und die Anhänger sowie das Wohnmobil voll. Wir hatten Ruhe bei der Arbeit und ich dankte meinen Kindern für ihre Hilfe.

Der Vater sprach Uwe an und meinte nur: „Sag Carola, sie soll die Schlüssel meinem Bruder übergeben, wenn ihr fertig seid!" Als wir alles eingepackt hatten, ging ich mit meinen Freundinnen zum Bruder des Vaters und übergab ihm die Schlüssel meines Sohnes.

Unsere Freunde haben uns an diesem Tag große Unterstützung und Schutz gegeben, ohne sie hätten wir diesen Tag nicht überstanden. Sie konnten uns tatkräftige und seelische Hilfe bieten. Unsere tiefe Dankbarkeit ist ihnen auf immer sicher. Als wir nach Hause kamen und die seelische Anspannung von uns abglitt, war ich unendlich erleichtert und weinte erst mal in den Armen meiner Freundin. Mir fielen ganze Felsbrocken vom Herzen. Im Anschluss haben wir alle zusammen gegrillt, trotz Corona, wir konnten alle nicht sofort mit dem Erlebten abschließen. So fanden wir für diesen sehr schmerzvollen Tag einen guten Abschluss.

Mischas Nachlass

Nun hatte ich alle Sachen meines Mischa zu Hause. Unsere Garage sowie der Keller und das Wohnzimmer standen voll mit seinen Sachen, überall roch ich meinen Sohn. Es stand von Anfang an für mich fest, dass die Sachen unter allen Freunden verteilt werden müssen, da er dann darin weiterlebt und nicht vergessen wird. Es kam mir nicht in den Sinn, etwas Brauchbares wegzuschmeißen oder zu verkaufen. Eine Freundin bot mir an, sich um die Motorradsachen zu kümmern. Ich war ihr unendlich dankbar dafür, denn damit konnte und wollte ich mich nicht auseinandersetzen. Sie nahm alle Motorradsachen mit. Eine große Last war mir genommen dadurch.

Uwe kümmerte sich hingebungsvoll um die Spielkonsolen, da wir nicht wussten, welche noch liefen und welche nicht mehr. Die Spiele meiner Kinder, Mischa hatte die von Sascha auch noch im Schrank. Zum nächsten Besuch bei meiner Cousine nahm ich alle Spiele mit. Hier waren sie gut aufgehoben und ich wusste, sie werden in Ehren gehalten. Mischa hatte einige Shishas, eine erhielt Peter, eine meine Cirstin, die andere steht als Erinnerung bei uns.

Mischa hatte seine Schlittschuhe alle aufbewahrt, selbst die kleinen. Er war ein leidenschaftlicher Schlittschuhläufer. Bei einer Runde fiel er einmal mit dem Kopf auf das Eis und schlug sich beide Schneidezähne dabei aus. Aber danach lief er weiter. Diese Schlittschuhe konnte ich nicht entsorgen, so viele Erinnerungen an die Eiszeit. Diese Schlittschuhe dürfen jetzt von den Kindern meiner Stiefschwester getragen werden. Jedes Teil, das ich weitergeben konnte, erfüllte mein Herz in der Hoffnung, Mischa bleibt bei den Menschen immer in Erinnerung.

Jason, mein Enkelkind

Der beste Freund meines Sohnes Mischa nahm nach dem Tod von Sascha einen der Hunde von Sascha zu sich. Ich war sehr erleichtert, dass Jason weiter in unserer Nähe bleiben wird. Als Sascha mir Jason damals vorstellte, ein kleiner Staffordshire-Bullterrier-Welpe, sagte ich scherzhaft: „Mein Enkelkind". Dabei blieb es auch bis zum Schluss.

Im März 2021 besuchte uns dieser Freund von Mischa, wir wollten ihm einige Erinnerungsstücke übergeben. Auf Grund der Coronaregeln trafen wir uns vor der Türe. Wir redeten eine Weile über alles, was bis dahin geschehen war. Irgendwann fragte ich ihn, wie es „meinem Enkelkind" geht. Seine Miene wurde düster und er erzählte mir, dass Jason einen Tag nach Mischa über die Regenbogenbrücke gegangen sei. Er dachte, es hätte mir schon ein anderer Freund berichtet. Mir riss es den Boden unter den Füßen weg, aber dann dachte ich nur daran, dass nun alle drei wieder zusammen sind.

Morgenspaziergänge

Seit Oktober 2020 gehe ich jeden Morgen eine große Runde durch unser Feld, ich merkte schnell, dass mir das sehr guttat. Durch die Kälte an meinen Beinen konnte ich mich wieder spüren, denn eigentlich war ich innerlich tot. Ich zwang mich, jeden Morgen hinauszugehen. In dieser Zeit draußen fühlte ich mich meinen Kindern sehr nahe, ich konnte auf dem Weg Zwiegespräche mit ihnen führen. Ich war immer froh, wenn ich keinen anderen im Feld traf und nicht reden musste. Denn das Reden mit anderen Menschen fällt mir immer noch sehr schwer.

Ich schaute stets zum Himmel, ob ich Zeichen meiner Kinder sehe. Auf meinen Spaziergängen weinte ich oft sehr stark und wollte Antworten haben. Mein Herz war gebrochen und ich verstand immer noch nicht, was geschehen war. An manchen Tagen war es so schlimm, dass ich dachte, ich schaffe den Weg nicht mehr nach Hause zurück. An diesen Tagen schickten mir meine Kinder Zeichen und halfen mir weiterzugehen. Jedes dieser Zeichen gab mir ein wärmendes Gefühl in die Brust, ich hörte meist auf zu weinen und achtete mehr auf meine Umgebung, ich wollte nichts übersehen, was sie mir schickten. Schon alleine dieses warme Gefühl in der Brust gab mir etwas Halt, sowie die Sonnenstrahlen, die sie mir schickten für die Zeit meines Spaziergangs. Ich fühle mich verbunden mit ihnen, wenn ich draußen im Feld war. Irgendwann nach monatelangen Spaziergängen jeden Morgen stellte ich fest, dass ich eigentlich versuche, vor mir selber davonzulaufen. Irgendwann bin ich nämlich nicht mehr spazieren gegangen, sondern durchs Feld gerannt.

An einem Tag traf ich eine Frau, die vom Verlust meiner Kinder wusste. Sie wollte mit mir ein Stück zusammen gehen, da sie mich jeden Morgen sah. Dabei redete sie und redete. Ich war völlig überfordert, hörte aber geduldig zu. Dann auf einmal fragt sie mich: „Und geht's wieder? Hast du dich gefangen? Muss ja langsam wieder aufwärtsgehen." Ich schaute sie mit weit aufgerissenen Augen an. Was hatte diese Frau gerade gefragt und gesagt? Ist das ihr Ernst? Mir fielen nicht die richtigen Worte ein, ich war wie erstarrt. Lediglich eine Gegenfrage fiel mir ein: „Wie soll es denn wieder gehen?" Dann ging ich einfach weiter, ohne sie zu beachten. Seitdem gehe ich zu anderen Uhrzeiten, damit ich ihren Weg nicht mehr kreuze.

Viele Menschen können nicht verstehen, was es heißt, sein Kind zu verlieren. Wir dürfen die Menschen nicht verurteilen für ihre unbedachten Worte, sondern müssen uns fragen, wie wir selber reagieren würden. Meist ist es keine böse Absicht, sondern Unbedachtheit und Unwissenheit. Denn nur eine Mutter oder ein Vater, die/der selber sein Kind verloren hat, kann verstehen, was in einem geschieht.

Kontakte zum Medium

Meine Freundin Elke brachte mir am 13. Juli 2020 folgende Zeilen von meinem Medium mit in die Eifel, um mich zu stärken. Das Medium hatte am 10. Juli mit Mischa gesprochen.

Wo ist meine Mütze (Helm)*? Ja, ich bin hier, aber alles ist anders. Ich bin verunglückt, aber Mama wusste es. Lass sie noch etwas* (Kontakt zu mir).

Dann sprach sie nochmals am 13. Juli mit meinen Jungs.

Mischa sagt: *Mama soll mir verzeihen, Mama will nicht mehr leben. Es ist fantastisch hier. Sag Mama, es ist ganz anders, als ich geglaubt habe.* Dann sagt Sascha: *Sag Mama, wir sind alle hier. Danke und schöne Grüße.*

Meine Freundin sagte mir, dass ich das Medium jetzt auch gerne anrufen dürfte. Durch Corona machte sie kein persönliches Gespräch mehr, aber anrufen könne ich sie jederzeit. Sie war mir beim Weggang von Sascha schon eine riesige Unterstützung gewesen. Ich war mir nicht sicher, wann ich anrufen soll, also sprach ich in Gedanken mit meinen Jungs und bat sie, mir einzugeben, wann ich es tun soll. An Tims Todestag war es so weit, ich bekam in den Kopf *Ruf das Medium an,* was ich dann auch tat.

Sie meinte nur: „Hallo Carola, deine Jungs sind auch schon hier. Ich soll dir sagen, sie rocken das hier oben. Mischa möchte dir etwas sagen, Carola: *„Ich bin immer bei dir, Mama. Mama, hör auf zu weinen, sonst geht deine ganze Schönheit weg. Ich hab dich lieb, Mama. Mama, hast du Rückenschmerzen? Gott war bei mir, Mama, ich habe einen Fehler gemacht. Dir geht es schlecht, Mama, aber es kommt* *wieder Frühling, das hast du aber auch gut gemacht. Mama, an deinem Geburtstag waren wir Kinder alle bei dir.“*

Das Medium übermittelte mir, dass alle meine fünf Kinder mir Liebe senden und sie immer bei mir seien. So wie alle fünf an meinem Geburtstag bei mir waren, um mir Kraft und Liebe zu spenden.

Im weiteren Gespräch erzählte Mischa von seinem Unfall und dass Sascha ihn abgeholt habe, sie seien nun zusammen. *Mama, weine nicht mehr so viel, da vergeht deine Schönheit. Der Frühling wird für dich auch wiederkommen.*

Ich schrieb alles mit, teilweise konnte ich kaum schreiben vor lauter Tränen.

Die Bücher, die ich schon bei Saschas Tod las, holte ich wieder hervor und las sie erneut. Alles Bücher über das Jenseits, ich merkte, es half mir wieder, ich begann mich intensiver damit zu beschäftigen. In den sozialen Medien suchte ich nach Jenseitsgruppen, das war sehr interessant. Dort gab es ebenfalls Medien, die Kontakt zu deinen Liebsten aufnehmen konnten.

Einen Versuch ist es wert, dachte ich, mal sehen, was dir jemand anders über deinen Mischa sagen kann. Ich stellte ein Bild meines Mischa aus unserem gemeinsamen Mallorca-Urlaub ein, in der Hoffnung, dass sich ein Medium darum annimmt. Einen Tag später hatte ich tatsächlich ein Reading mit einem Medium. Sie schrieb mir, dass nicht nur Mischa da sei, sondern auch Sascha, ich freute mich: Beide Jungs sind da. Was wird sie mir von ihnen erzählen?

Bevor die Sitzung begann, bat ich meine Kinder, nicht auf alles zu antworten, da es für alle aus dieser Gruppe sichtbar wäre. Ich wusste nicht, ob meine Bitte Gehör findet. Des Weiteren hatte mich meine Freundin gebeten, vorher ein Gebet zu sprechen, denn nicht jeder Kontakt sei frei vom Bösen. Also betete ich, bevor die Sitzung begann.

Der erste Satz traf zu: „Sie sind ganz unterschiedlich, deine Jungs. Sascha wirkt lockerer und cooler, Mischa eher stiller und ruhiger." Ja, das waren meine Jungs. Sie berichtet mir, dass meine Jungs Seelenverwandte sind und sich sehr nahe seien. Dann sagte sie einen Satz von Mischa, der mich zusammenfahren ließ. *Es gab eine Zeit vor und eine Zeit nach Saschas Tod.* Ich begann schrecklich zu weinen. Das jetzt so zu hören, machte mir klar, wie schwer es für Mischa gewesen sein musste. Wir hatten eine neue Zeitrechnung ins Leben gerufen. Ich fühlte mich schlecht, als es mir klar wurde.

Mischa berichtete, wie sehr ihm Sascha gefehlt hatte, er war sein Vorbild, er hat sehr gelitten unter dem Verlust. Er vergötterte Sascha, sie waren verschworen, sie konnten nicht miteinander, aber auch nicht ohneeinander. Genauso würde ich meine Jungs auch beschreiben! Weiter beschreibt das Medium Mischa auf den Punkt; ja, so war er, und ja, so lebte er. Ich war fasziniert.

Mischa bittet um Verzeihung, dass er mich auch verlassen hat. Er wollte mich nicht alleinlassen. Es tut ihm so leid. Beide Jungs zeigen ihr, dass ich eine liebevolle und fürsorgliche Mutter war. Manchmal zu fürsorglich. Beide lieben mich sehr. Beide sagen ihr, dass ich eine „Coole" bin. Sie würden mich bewundern, wie tapfer ich mit der Situation zurechtkäme. Sie sagen auch, dass ich eine starke Frau sei, dafür hätten sie mich immer bewundert. Sie erwähnt die Trennung vom Vater. Die Jungs sagen ihr, ich sei für sie die tollste Mama der Welt, da ich alles für sie getan habe, das werden sie mir nie vergessen.

Was für wunderschöne Worte meiner Kinder. Zum Schluss sagt sie mir, Sascha hat den Arm schützend um Mischas Schulter gelegt, das tat Sascha auch schon zu Lebzeiten bei Mischa. Was für ein wunderschönes Reading, es gab mir einen Kraftschub, weiterzumachen. Und ich weiß, wenn mein Tag kommt, sind beide Jungs bei mir und holen mich nach Hause.

Meine Freundin nahm am 18. März Kontakt zu ihrem Medium auf, um mir an Mischas Geburtstag etwas Unterstützung mit den Worten meiner Kinder zu bringen. *Wir sind gemeinsam hier,* sagten meine Jungs. *Wir sprengen Hüllen.* (Uwes frische Lackierung an seinem Trike war einen Tag zuvor aufgesprungen.) *Sag Mama, dass ich sie küsse. Mischa möchte heute nicht viel sprechen.* Das Medium fragte Mischa, ob er mir etwas sagen möchte. Er antwortet nur: *Nein, dann weint sie wieder. Sag Mama Bescheid, sie macht auf dieser Erde nur ihre Aufgaben. Ich habe Mama im Feld bei ihrem Spaziergang gesehen, sie rennt da immer. Mama, bete zu Gott für Mischa. Mama wird Langzeitleid haben, Mama soll daran denken, wie ich als Baby war. Ich war gestern Abend bei Mama.*

Zeichen meiner Kinder

Wie schon erwähnt, gehe ich jeden Morgen spazieren. Auf einem Teilstück des Weges halte ich gerne Zwiegespräche mit meinen Kindern, nicht jeden Tag. An einem Morgen weinte ich fast den ganzen Weg, da schaute ich zum Himmel und konnte nicht glauben, was ich dort sah. In den Wolken erschien ein S. Mein Sascha schickte mir ein Zeichen, damit ich aufhörte zu weinen. Danke, mein Schatz.

Foto: Carola Körnbach

Mischa hinterließ mir eine schusssichere Weste, die hatte er sich vor nicht so langer Zeit für den Einsatz in Mali gekauft. Der Herr Major brachte sie mir mit. Nun wollte ich Informationen darüber im Netz suchen. Bei meiner Recherche ploppte immer wieder derselbe Name auf, aus unserem Nachbarort. Es war wie geführt, ich schrieb den Namen auf und rief den Herrn an. Er half mir tatsächlich, den Plattenträger zu veräußern.

Mehrfach träumte ich von meinem Mischa, es war wunderschön. Er drückte mich innig an sich und trug mich sogar. Ich wollte in dem Traum mit ihm Motorrad fahren, aber Mischa sagte mir, er wisse nicht, ob das mit meinem Gewicht gehen würde. Deshalb trug er mich im Traum, dabei stellte er fest, wie leicht ich bin, und ich durfte mit ihm auf dem Motorrad in die Abendsonne fahren. Ich wollte gar nicht aufwachen.

Nach Saschas Weggang kam immer eine Taube auf unseren Balkon, fast jeden Tag. Sie schaute mich dann an und ich redete mit ihr, sie schien keine Angst vor mir zu haben. Nach Mischas Weggang sind es nun zwei Tauben, die mir fast täglich einen Besuch abstatten. Soll das Zufall sein? Nein, ich spüre, dass meine Kinder nach mir schauen.

Als ich noch arbeitete, schickte mir Sascha jeden Morgen einen Gruß, jeden Morgen sah ich die Uhrzeit 6.08 Uhr – mein Geburtsdatum; ich sagte dann: Guten Morgen, mein Schatz. Momentan muss ich zu dieser Uhrzeit nicht aufstehen, da Uwe ebenfalls zu Hause ist. Nun ist es immer das Geburtsdatum meiner Cousine: 9.08 Uhr.

Mein Handy haben die zwei auch im Griff. Wenn sie nicht wollen, dass mich jemand erreicht, dann klingelt es einfach nicht. Ebenfalls versuchen sie, mir Liebesbeweise durch Federn zu übermitteln, ich sammle sie auf und stelle sie zu ihnen an ihre Bilder.

Ich fragte meine Jungs auf meinem Spaziergang: „Soll ich ein Buch schreiben?“ Da erschien am Himmel ein Z, mein Gefühl war: Z für Zukunft oder Zuversicht.

Im Mai 2021, einige Tage vor Muttertag, fuhren wir zu den Gräbern – mir fällt dieser Gang immer unendlich schwer. Wenn ich vor den Gräbern stehe, beide liegen nebeneinander, wird mir so schrecklich bewusst, dass sie nie wiederkommen werden. Diesen Schmerz kann ich kaum aushalten, ich versuche wie ein Roboter, die Gräber zu säubern und die Kerzen anzuzünden. Uwe unterstützt mich dabei immer liebevoll. An diesem Tag sah ich ein wunderschönes Herz aus kleinen Steinen am Ende des Grabes von Mischa. War dieses Herz von ihm für mich? Oder hatte jemand liebevoll an meinen Mischa gedacht damit? Es erfüllte mich mit einer wunderschönen Wärme und Liebe.

Foto: Carola Körnbach

Mischas Geburtstag

19. Mai 2021

Ich wurde früh wach und konnte nicht mehr schlafen, also stand ich auf und ging ins Wohnzimmer. Ich weinte und mir ging durch den Kopf, wie sehr er seinen Geburtstag liebte. Er freute sich auf den besonderen Tag. Wenn Sascha Geburtstag hatte damals als Kind, war Mischa immer stinkig, dass er keine Geschenke bekam. Bei der Vorstellung musste ich etwas schmunzeln. Ich bereitete meinen Jungs immer einen Geburtstagsplatz auf dem Esstisch mit Kerzen und Süßigkeiten. Jedes Jahr gab es auch eine Benjamin Blümchen Torte, diese Tradition führte ich bis zum Ende fort. Die letzte Torte zu Mischas 25. Geburtstag landete in unseren Gesichtern; es war eine wunderschöne Feier, wir waren so losgelöst. Des Weiteren legte ich immer das erste Babyfotobuch auf den Tisch, anfänglich schämten sie sich vor ihren Freunden deswegen, aber später war es Pflicht, es aufzulegen. So viele wunderschöne und lustige Erinnerungen gingen mir durch den Kopf. Nun waren sie nicht mehr bei mir. Wie sollte ich den Tag heute überleben? Der Kampf würde heute umso schwerer für mich werden.
Am Tag zuvor hatte ich für den Geburtstagsplatz wie immer Mischas Lieblingssüßigkeiten gekauft. Ich beschloss, seinen Platz auf dem Wohnzimmertisch zu gestalten. Ich hatte noch eine wunderschöne Kerze aus Glas mit einem Herz für den heutigen Tag zurückgestellt. Diese platzierte ich in die Mitte und drum herum legte ich liebevoll die Süßigkeiten. Um halb sieben in der Früh war sein Geburtstagsplatz arrangiert. Ich hatte Herzprobleme bei dem Gedanken an diesen schrecklichen Tag, ich konnte meinem Sohn nicht gratulieren. Das war sein erster Geburtstag im Jenseits. Leise vor mich hin sagte ich: „Happy birthday in heaven, mein Schatz."

Gegen halb acht kam ein Spatz an unser Wohnzimmerfenster und schaute herein. Es kam mir vor, als würde er sich den Geburtstagsplatz angucken. Er verweilte ruhig auf dem Thymian, dann flog er davon. Gegen Mittag geschah es erneut, ein Spatz flog aufgeregt hin und her auf dem Balkon, zu der Zeit war meine Freundin Elke bei mir. Sie kam schon am Morgen, um mir über die schlimme Zeit zu helfen. Wir redeten viel von meinen Kindern. Es tat mir sehr gut, von ihnen sprechen zu können. Sie blieb bei mir und stützte mich über fünf Stunden – was für eine liebe Freundin. Eine andere Freundin schrieb mir eine liebevolle Nachricht, meine Cousine sowie meine Mutter riefen mich an, um mir Beistand zu geben, aber ich war nicht in der Lage, zu telefonieren. Mein Herz schmerzte ohne Ende. Einige der Freunde von Mischa schrieben auf seine Seite in den sozialen Netzwerken. Die Bilder zu sehen zerriss mir das Herz nur noch weiter. Jedoch erfüllte es auch mein Herz, zu sehen, dass mein Mischa nicht vergessen wurde.

Ich entschied, heute Mischas Lieblingsessen zu machen, das hatte ich bei Sascha auch gemacht, so kochte ich meinen selbstgemachten Döner mit Joghurtsauce. Immer wenn ich Mischa fragte, was er gerne essen möchte, sagte er „Döner". Zum Nachtisch die heißgeliebten Erdbeeren, da konnte es nie genug für Mischa geben. Ich hätte gerne, wie bei den letzten Geburtstagen von Sascha, die Freunde eingeladen, aber durch Corona war das leider nicht möglich. Sonst hätten wir auch noch eine Shisha auf Mischa zusammen geraucht.

Gegen Abend – Uwe und ich saßen gemeinsam auf der Couch – erschien der Spatz erneut, setzte sich wieder auf den Thymian und hüpfte in aller Seelenruhe dann hinüber auf die Erdbeerpflanze. Er schaute – wie der Spatz am Morgen – ins Wohnzimmer herein; es schien so, als hätte er keine Angst und wollte sehen, ob noch alles da ist. War das vielleicht Mischa, der seinen Geburtstagsplatz betrachten wollte? Wenn ja, hat es ihm gefallen, was er durch den Spatz sehen konnte?

Mein Leben heute

Im April 2021 war ich nicht mehr im Stande, mich zu bewegen, die Schmerzen waren wie damals beim Bandscheibenvorfall. Ich hatte es wieder einmal geschafft, meinen Körper an die Grenzen zu bringen. Damit ich jeden Tag überleben kann, muss ich mich sehr zusammennehmen. Ich halte mich selber fest, um nicht zusammenzubrechen. Ich dachte, dadurch, dass ich nicht mehr funktioniere und keinen Druck habe, schaffe ich es, meine Schmerzen in den Griff zu bekommen.

Ich gehe seit Mischas Weggang nicht mehr arbeiten, daran ist nicht zu denken. Ich merke, dass ich keine Kraft habe, tägliches Weinen ist an der Tagesordnung. Am liebsten bin ich allein und unterhalte mich nicht. Ich könnte mir nicht vorstellen, meinen Job auszuüben. Wie soll ich anderen Menschen in meiner Lage helfen? Am Anfang meines Krankenstandes dachte ich, du musst schnell wieder dein Leben aufnehmen und weitermachen. Nimm dich zusammen und geh arbeiten, du bist verantwortungsbewusst und strebsam. Aber das war ein Trugschluss. Wenn ich ehrlich mit mir bin, schaffe ich gar nichts mehr. Ich vergesse viel, da meine Konzentration nicht mehr vorhanden ist. Ich bin mit meinen Gedanken den ganzen Tag bei meinen Kindern, versuche, mit den Erinnerungen an sie zu leben, ohne sterben zu wollen. Meine Gefühlswelt hat sich komplett geändert, damit kommt Uwe manchmal nicht zurecht. Mir ist so viel egal geworden, ich empfinde keine Freude mehr. Ja, ich bin auch härter in meinen Aussagen geworden und lasse mir nichts mehr gefallen. Früher war mir wichtig, was andere von mir halten und dass ich in einem guten Licht dastehe, das ist heute nicht mehr wichtig für mich. Alles hat seine Farbe für mich verloren, ich fühle mich alleingelassen und hilflos. Ich lasse den Tag einfach laufen und freue mich, abends früh ins Bett zu gehen, um alleine zu sein.

Der Besuch an den Gräbern ist für mich eine sehr große seelische Herausforderung, meine Jungs wurden nebeneinander beerdigt. Wenn ich davorstehe, wird mir schmerzlich bewusst, dass es Realität ist. Ich erledige die Aufgaben, z.B Kerzen anzünden, Rosen ins Wasser stellen, wie ein Roboter und so schnell wie möglich. Darüber habe ich auch schon im Geiste mit meinen Kindern gesprochen und ihnen gesagt, dass sie mir bitte nicht böse sein sollen, aber ich schaffe es noch nicht. Hier zu Hause habe ich die Bilder unserer drei Jungs über dem Fernseher stehen. Neben den Bildern stehen Kerzen die ich Ihnen jeden Morgen und Abend anmache. Seitdem wir nicht mehr regelmäßig zu den Gräbern fahren, stehen immer drei weiße Rosen für sie dabei.

Ich besitze so viele Bilder und Videos meiner Kinder, aber ich schaffe es nicht, mir Bilder von ihnen anzuschauen, denn der Schmerz ist noch zu groß. Ich denke mir, dass sich das irgendwann verändern wird, aber die Zeit ist noch nicht gekommen. Manchmal erwische ich mich dabei, dass ich mir einbilde, Mischa sei auf einem Einsatz mit der Bundeswehr und Sascha auf großer Weltreise. Dann fühle ich die Sehnsucht und hoffe auf ein baldiges Wiedersehen. Diese Vorstellung tut mir gut, denn dann hat meine Hoffnung wieder freien Lauf.

Irgendwann nach dem Weggang von Sascha begann ich, in ein kleines Buch die Zeichen von ihm zu schreiben. Ich stellte dabei fest, auf wie viele verschiedene Arten er mir seine Anwesenheit zeigen kann. Nun gibt es auch eine Rubrik für meinen Mischa in diesem Buch. Wenn die Trauer mich völlig übermannt, nehme ich dieses Büchlein gerne zur Hand, dann kehrt ein leichtes Lächeln zurück.

Im Januar verstarb unsere liebe Nachbarin, gleiches Alter wie ich. Ihre Mutter wohnt ebenfalls in unserem Haus, sie fand sie in ihrer Wohnung. Nun war die ältere Dame alleine. Ihre Tochter war ihr ganzer Halt und Unterstützung gewesen. Uwe und ich kümmerten uns um sie, halfen ihr, die Wohnung der Tochter zu räumen. Viele Gespräche wurden geführt, konnte ich ihren Schmerz doch nur allzu gut verstehen. Nach einiger Zeit bat sie mich, jeden Tag nach ihr zu schauen. Seit diesem Tag gehe ich jeden Morgen und Abend zu ihr hinunter, abends koche ich für sie und schenke ihr ein offenes Ohr. Am Anfang fühlte ich mich etwas überfordert mit allem, war ich doch auch noch nicht wieder auf den Beinen. Heute stelle ich fest, dass mir die Sorge um die Dame guttut, ich habe eine Aufgabe, der ich jeden Tag eine Stunde nachkomme. Es tut mir ebenfalls gut, wenn sie mein Essen lobt und sich über die Gesellschaft freut.

Ich werde täglich weiter daran arbeiten, einen Schritt nach dem anderen zurück ins Leben zu finden, aber es ist sehr schwer für uns verwaiste Eltern. Denn mein Leben waren meine Kinder. Welche Aufgabe habe ich hier auf Erden nun noch? Der Tag wird hoffentlich kommen, an dem ich wieder weiß, wofür ich hier bin. Es ist noch ein langer Weg, denn ich habe lebenslänglich bekommen vom Leben. Den Rest meines Lebens muss ich ohne meine Kinder weiterleben in der Hoffnung, viele Zeichen von meinen Liebsten zu erhalten.

Ich wurde einmal gefragt, wie ich mit der Corona-Situation umgehe. Ich kann nur für mich sprechen und sagen, dass mir Corona so manches Mal geholfen hat, da ich keine Menschen treffen durfte und nicht sagen musste, ich möchte keine Menschen treffen. Jedoch fehlten mir auch meine besonderen Menschen, die mir Halt und Mut zusprachen. Aber wenn der Tag für mich sehr dunkel und einsam ist, lassen sich meine Kinder immer etwas für mich einfallen, dann kommt ein leichtes Lächeln in mein Gesicht zurück. Sie werden mir helfen, den richtigen Weg zu gehen, ich vertraue darauf.

Früher sagte ich immer zu meinen Kindern, für jedes Problem gibt es eine Lösung, jedoch schon nach Saschas Weggang musste ich Mischa sagen, dass ich das erste Mal keine Lösung weiß. Dieses Gefühl kannte ich bis zu diesem Zeitpunkt nicht. Ich war so hilflos und das bin ich heute immer noch. Heute sage ich den Spruch: Es kommt, wie es kommt, und da machen wir gar nichts. Aus diesem Grund kann ich mit einigen Situationen im Leben nun anders umgehen. Ich fühle keinen Drang mehr, Dinge verändern zu wollen, ich nehme das Leben nun so, wie es ist. Denn es kommt, wie es kommen muss!

Meine Ehe

Durch den Verlust meiner Kinder veränderte sich alles. Ich fühlte mich unendlich alleingelassen. Uwe war bestimmt manches Mal völlig überfordert mit mir. Jedoch entfernten wir uns immer weiter voneinander. Früher war es normal, allein ins Bett zu gehen, da Uwe immer noch lange aufbleibt. Jetzt fehlte mir die Zuneigung und Nähe zu meinem Mann, aber er war nicht in der Lage, mir Nähe und Geborgenheit zu geben. Ich sprach meine Gefühle an, aber er konnte nichts dazu sagen, es veränderte sich auch nach zwei Gesprächen nichts an unserer Beziehung. Also fasste ich den Entschluss, mir eine Auszeit zu nehmen für eine Woche. Ich wollte feststellen: Vermisse ich ihn? Vermisst er mich?

Ich genoss die Woche, jeden Tag unternahm ich etwas anderes mit meinen Eltern. Ich fühlte mich wieder etwas lebendiger. Nach meiner Rückkehr war Uwe nur bei sich und in der Firma, bei seinem Motorrad usw. Wo kam ich darin vor? Ich legte symbolisch meinen Verlobungs- und Ehering ab und sagte ihm, wenn sich nichts ändern würde in unserer Beziehung, würde ich so nicht weitermachen wollen. Erst wenn sich etwas ändert, würde ich die Ringe wieder anstecken. Nichts veränderte sich in den nächsten Tagen. Ich überlegte: Wie lange willst du auf Veränderung warten? Ich schaute schon nach kleinen, bezahlbaren Wohnungen, denn eines war klar für mich: So wollte ich nicht weiterleben.

Wir hatten noch eine gemeinsame Tour geplant für den 14. Juli, mit meiner zu pflegenden Dame und meinen Eltern. Wir wollten gemeinsam an die Mosel für einen Tag. Dieser Tag änderte erneut alles, das Schicksal schlug erneut zu. Schon als wir von zu Hause losfuhren, regnete es wie aus Eimern. Auf der Autobahn in Belgien musste ich sehr langsam fahren, da es immer schlimmer regnete. Wir versuchten, es gelassen zu nehmen. Es regnete den ganzen langen Tag.

Gegen Abend rief die Mitbewohnerin meiner Eltern an. Sie leben in einem wunderschönen Haus am See und in diesem Haus ist noch eine kleine Wohnung. Diese Mitbewohnerin rief meinen Daddy gegen 20 Uhr an, sie war sehr aufgeregt und teilte ihm mit, dass der Keller voller Wasser gelaufen sei, was sie nun tun solle. Er forderte sie auf, die Feuerwehr zu rufen, das habe sie schon versucht und komme nicht durch. Sie würde jetzt das Haus verlassen, da sie Angst habe, und zu ihrer Freundin ins Oberdorf fahren.

Wir kamen gerade vom Abendessen und keiner von uns durfte noch Auto fahren, da wir leckeren Moselwein beim Essen hatten. Der Regen hörte nicht auf. Ich wachte gegen 6.30 Uhr auf und ging ans Fenster, die Mosel kam schon die Straße herüber, es hatte mächtig geregnet. Ich legte mich wieder ins Bett. Gegen 7.30 Uhr war ich hellwach, schaute erneut aus dem Fenster. Das Wasser stand schon fast an unseren Autos, also schnell anziehen und Daddy wecken. In Windeseile parkten wir unsere Autos um, einige Autos standen schon unter Wasser. Nach einem schnellen Frühstück begaben wir uns auf die Heimreise, aber direkt in die Eifel. Wir wussten, wir müssen meinen Eltern helfen, sie waren sehr aufgeregt, was wohl im Haus passiert war.

Im Haus meiner Eltern angekommen stand der Keller einen Meter unter Wasser, der Strom war ausgefallen. Die Mitbewohnerin war nicht im Haus. Warum hat sie sich nicht um die Feuerwehr gekümmert? Wir hatten alle noch keine Ahnung, was in der Nacht in der Eifel passiert war. Uwe sagte, er fährt unsere Nachbarin nach Hause und kommt dann sofort zurück. Er brauchte an dem Tag fünf Stunden bis nach Würselen, da die meisten Straßen unterspült waren, die Autobahn war gesperrt, da die Fahrbahn eingefallen war. Ich fuhr in der Zeit mit Daddy zur hiesigen Feuerwache, dort herrschte das Chaos. Sie versprachen, in den nächsten Stunden vorbeizukommen. Nach etwa eineinhalb Stunden waren sie da, um den Keller auszupumpen.

Die Stunden vergingen und die Mitbewohnerin meiner Eltern kam und kam nicht nach Hause. Auf einmal stand die jüngste Tochter der Mitbewohnerin vor der Tür und fragte völlig aufgelöst nach ihrer Mutter. Sie suche sie jetzt schon den ganzen Tag, niemand wisse, wo sie ist. Wir tauschten die Handynummern aus, damit wir sie anrufen können, sobald ihre Mutter nach Hause kommt. In meinem Kopf kreiste alles, ich machte mir große Sorgen um sie und empfing immer wieder *Sie kommt nicht mehr zurück*. Diesen Satz konnte ich auch in den Augen der Tochter lesen, sie befürchtete ebenfalls das Schlimmste.

Die Arbeit im Keller war etwas Ablenkung, denn es musste alles heraus und trockengelegt werden. Die Feuerwehr konnte nicht alles an Wasser abpumpen, es blieben zirka 15 Zentimeter stehen. Wir saßen gerade zu einer kurzen Pause zusammen am Esstisch, da läutete das Handy meiner Mutter. Sie erfuhr, dass die Mitbewohnerin in den Fluten ertrunken war. Wir saßen fassungslos und schweigend am Tisch. Ich erinnerte mich an die netten Gespräche mit ihr, sie versuchte mir nach Mischas Weggang Zuspruch zu geben. Wir saßen an einem Nachmittag zwei Stunden in unserem Wohnmobil und quatschten. Sie war eine freundliche, liebe Frau.

Nach einiger Zeit habe ich wieder etwas im Kopf: „Nimm die Wohnung, dann können Mutti und Daddy im Haus bis zum Ende wohnen bleiben.“ Ich brauchte noch einige Zeit, das zu verarbeiten, und dann platzte es aus mir heraus, nachdem Daddy sagte: „Wer weiß, wer jetzt hier ins Haus kommt." „Ich nehme die Wohnung, dann könnt ihr hier im Haus bis zum Ende bleiben und müsst nicht zu mir nach Würselen in den Altersruhesitz ziehen." Daddy ganz ruhig zu mir: „Carola, schlaf da mal drüber, wenn du die Wohnung nimmst, musst du Uwe verlassen, der wird nicht in die Eifel wollen!" „Ja", sagte ich bestimmt, „das wäre dann so, oder aber er kommt mit, ich werde ihn fragen und dann sehen wir es. Ich ziehe hier ein, basta." Meine Eltern freuten sich ohne Ende, Daddy informierte sofort den Vermieter, dass ich die Wohnung übernehmen möchte, der stimmte gleich zu.

Irgendwann gegen Abend hatte Uwe auch die Strecke nach Hause geschafft und meldete sich. Ich sagte weder vom Tod der Mitbewohnerin noch von meinen Absichten, in die Eifel zu ziehen, etwas. Diese Nacht war eine schlaflose Nacht, ich wusste nicht, wie ich es Uwe sagen soll. Mein Entschluss stand fest. Wie würde er reagieren? Ich schwieg noch eine ganze Zeit, dann kam aber die blöde Situation, dass eine andere Dame bekundete, dass sie die Wohnung für ihren Sohn haben möchte und den Vermieter gut kenne. Mir blieb nichts anderes übrig als Uwe meine Absicht an diesem Abend zu sagen.

Ich teilte ihm ruhig mit, dass ich die Wohnung übernehmen möchte, damit Mutti und Daddy im Haus bleiben können, und fragte ihn, ob er mitziehen möchte. Er schaute mich lächelnd an. „Natürlich komme ich mit, ich weiß, dass du das auch alleine machen würdest. Dann ziehen wir gemeinsam in die Eifel." Seit diesem Moment ist Uwe wie losgelöst, er plant und geht völlig in unserem Neuanfang auf. Haben wir diese Veränderung gebraucht? Finden wir wieder einen gemeinsamen Weg?

Dank

Mein Dank geht zuallererst an meine wunderbaren Söhne für die erfüllte Zeit, die ich mit ihnen erleben durfte. Ich durfte ihre bedingungslose Liebe erfahren, die mich auf meinem weiteren Weg immer begleiten wird. Ich kann auf unendliche tolle Erinnerungen mit ihnen zurückgreifen, viele zaubern mir ein Lächeln ins Gesicht. Danke, dass ich eure Mutter sein durfte.

Ich möchte mich bei meinem Mann Uwe bedanken, der mir in meinem unendlichen Schmerz immer beigestanden ist, so gut, wie er selber in der Lage war. Für ihn war diese Zeit eine Reise in seine eigene Vergangenheit.

Meiner Mutter und meinem Daddy danke ich, sie waren und sind immer für mich da und geben mir Unterstützung. Leicht war es für die zwei nicht, da sie ihre Enkelkinder verloren haben und selber mit sich kämpfen mussten. Manchmal wussten sie nicht, wie sie mit der neuen Carola umgehen sollten. Aber wir haben einen Weg gefunden, harmonisch weiterzugehen. Mischa war der Lieblingsenkel meiner Mutter, die zwei waren alleine durch die Geburt schon geprägt.

Meiner lieben Cousine, die ohne Unterlass mich jeden Tag anrief und versuchte, mich aus der Ferne zu halten. Ich habe dich sehr lieb. Da sie nicht lockerließ, konnte ich lernen, weiter für meine Jungs am Leben zu bleiben. Sie sagte einmal: „Carola, unternimm viel, damit sie durch dich noch viel erleben können." Das Versprechen habe ich ihr gegeben, und das gibt mir Kraft weiterzumachen.

Meiner Freundin Elisabeth, die mir täglich mit wunderschönen, aufbauenden Bildern einen Guten-Morgen-Gruß schickt und mich so manches Mal schon auf meinem Morgenspaziergang begleitet hat.

Meiner Freundin Elke, die mir den Kontakt zum Medium ermöglichte und mir half, eine neue Sichtweise auf den Tod zu erhalten. Die Gespräche mit Elke sind kostbar und einzigartig. Ich weiß, auf sie ist jederzeit Verlass, und das zu wissen tut unendlich gut.

Meiner Freundin Cirstin, die mir bedingungslose Hilfe in jedem Belang gibt; die versucht hat, mich durch einen Spaziergang aus dem Haus zu holen. Und mir tatkräftig hilft.

Danke an Stefan, der sofort kommt, wenn ich bei Uwe mit meinen Worten nicht mehr weiterkomme, da er ein männliches Gespräch braucht.

Danke an Paola, die mich mit meiner Mutter unterstützt hat und ohne zu zögern sofort in die Eifel kam, um mit ihr zu sprechen.

Danke für die bedingungslose Unterstützung in allen Belangen an Ünal, Kayleigh, Sven, Heiko und Mark. Wir brauchten nur ein Wort von uns zu geben, und sie waren und sind sofort für uns da, egal zu welchem Anlass. Damals sagte Uwe zu Recht: „Ihr seid für uns keine Freunde, ihr seid unsere Familie."

Danke an Michelle und Kevin, die uns zur Seite standen und auch noch stehen. Für die wunderschönen Gespräche über meine Söhne mit ihnen. Für die Überraschungsbesuche, die etwas Licht in meine düsteren Tage brachten, und für die wunderbare Kette, die mir jeden Tag etwas Kraft gibt. Danke für eure Liebe.

Danke für die Liebe, die ich von Sven erhalte, der mich mittlerweile liebevoll Mutti 2 nennt und stets ein Ohr für uns hat. Er würde auch alles stehen und liegen lassen, wenn wir seine Unterstützung benötigen. Ein toller, junger Mensch mit sehr viel Herz.

Danke an Claudia, meine Jugendfreundin, die das Schicksal mit mir teilt, mit der ich tief verbunden bin in der Trauer um unsere Kinder. Ich genieße die Frühstücke mit ihr, die meist bis in den Nachmittag gehen, da wir die Zeit vergessen.

Ich danke Herrn Dr. Salzmann, der mir eine sehr frühe Behandlung ermöglichte und mir immer noch hilft, jeden Tag zu überleben. Durch ihn lernte ich: „Ich muss gar nichts!" Dieser Satz war für mich der Anfang eines neuen Daseins. Oft, wenn ich an mir zweifle, sage ich zu mir: Carola, du musst gar nichts, nur überleben. Dann nimmt der Tag etwas an Schrecken ab. Ich weiß, ich habe noch viel zu lernen, mit diesem Verlust umzugehen, aber ich bin willens, es zu schaffen, und Herr Dr. Salzmann unterstützt mich sehr auf meinem Weg. Ohne seine Anregungen wäre ich heute noch nicht da, wo ich jetzt bin.

Ein großer Dank geht an die Bundeswehr, die mir Unterstützung in allen Belangen anbot und auch gab. Dem Herrn Major ist zu danken und den Kameraden von Mischa. Der Herr Major hält immer noch einen herzlichen Kontakt zu mir, was für mich nicht selbstverständlich ist.

Danke an Grabmale Jansen, der mir liebevoll auch das Grab von Sascha kostenfrei fertigstellte und sehr empathisch auf meine Wünsche einging. Ich habe mich sehr aufgehoben gefühlt.

Und danke allen anderen, die eher im Hintergrund zu uns standen, aber jederzeit für uns bereit gewesen sind. Freundschaft ist ein hohes Gut.

Leider waren durch die Corona-Lage viele Kontakte nicht so möglich, wie wir uns das alle gewünscht hätten. Aber durch verschiedene Medien riss der Kontakt nie ab. Nun sind wir fast alle geimpft und können wieder schöne Stunden miteinander verbringen.

Die letzte Fahrt ins Licht: 09. Juli 2020

Das Coverbild zeigt die letzte Fahrt meines Mischa. Ich finde es sehr bezeichnend, er fährt direkt ins Licht. Er fuhr an diesem Tag gemeinsam mit einer anderen Motorradfahrerin, und sie machten Fotos, eines davon ist dieses. Wusste er da schon, dass es seine letzte Fahrt wird?

Foto: Susann Laabs

Carola Körnbach

Carola Körnbach wurde 1968 in Frankfurt am Main geboren.

Sie erlernte den Beruf der Köchin und der Bürokauffrau und arbeitete dann 13 Jahre als Fachkraft für Rehabilitation in einer Bildungsgesellschaft.

Sie lebt mit ihrem Mann in Nettersheim.

Birgit Martschink

BEREIT ZUM SPRUNG?

Ich nehme dich ein Stück mit,
wenn du magst

ISBN: 978-3-903259-34-8
Softcover, 176 Seiten

Bewusstseinserweiterung, Persönlichkeitsentwicklung und das ganze unbequeme Zeug. Wieso nicht einfach nach getaner Arbeit die Füße ausstrecken und die Komfortzone genießen?

Freiheit und freies Denken gibt es als Energiedrink mit Wodka am Wochenende. Mehr Flügel braucht es nicht.

Respekt.

Wäre das nicht wundervoll einfach? Wenn es da bloß nicht diese verdammten Krisen geben würde. Die Zeiten in meinem Leben, in denen sich alles gegen mich wendet. Der Sturm peitscht die Regenmassen in mein Gesicht, und ich kann keine Konturen mehr erkennen. Wie komme ich hier wieder heraus? Wer hilft mir?

Hilfe naht. Immer.

Ich stelle meine Erfahrungen zur Verfügung. Mentaler Frieden und emotionale Freiheit sind das Ziel, Selbstliebe ist der laufende Prozess und Heilung und Hingabe sind der Weg. Ich beginne bei mir selbst und verändere meine Verhaltensmuster. Der erste Dominostein fällt ...